最後に残るのは本

67人の書物随想録

工作舎＝編

工作舎

最後に残るのは本

はじめに

土星と標本

工作舎は、一九七一年の四月に、雑誌『遊』をつくるための集団として発足した。株式会社となったのは同年末のこと。谷川雁の『工作者宣言』と「ワークショップ」の和訳が社名の由来だと聞いている。未確認だが、当時の編集長、松岡正剛の頭には「バウハウス」もあったのだろう。『遊』創刊は九月だったので、当初、発売元は仮面社といういまはなき出版社だった。「工作」と「仮面」とあらためて並べてみると、やっぱりかなり怪しい。映画監督の今村昌平から「山村工作隊みたいだな」と言われたこともある。当たらずとはいえ、遠からずである。

ともかく株式会社となって『遊』の発売・発行は、工作舎名義となり、名実ともに出版社として船出した、と言いたいところだが、その零細を支えていたのは「別の仕事」だった。つまり一般企業や他の出版社から編集やデザインの業務を受託していたのである。実は出版と「別の仕事」の二足のわらじは、現在に至るまで履き続けている。

出版社としての工作舎は、いわゆる雑誌出版社としてスタートを切り、一九七〇年代後半に差し掛かるまでは、単行本の刊行点数はごくわずかに止まっていたが、間もなくその点数は徐々に増えはじめ、松岡編集長の発案で、出版物にはさみ込む新刊案内として、ほぼ月刊の「土星紀」が誕生した。一九七九年八月のことである。当時、工作舎のシンボル・マークとして定着しつつあった「メビウスの輪を持つ土星」にちなんだ命名だった。木村久美子のエディトリアル・デザインで、表紙では松岡によるコラム「エディトリアル・マニフェスト」の連載がはじまった。

諸般の事情により一九八二年の秋に『遊』は休刊、松岡正剛は工作舎を離れることになり「エディトリアル・マニフェスト」も二四回をもって終了する。雑誌出版社から単行本出版社となって以降も「土星紀」は、工作舎唯一の定期メディアとして継続し、一九八六年を前後して、その装いを変化させた。表紙は新刊書籍のプロモーション・ページとして当該書籍を担当した社内外のデザイナーが腕を振るい、新たな連載エッセイ企画「標本箱」がスタートした。標本の箱、というより本の標《しるべ》の箱にしたいという思いを込めたネーミングである。一〇〇〇文字前後で「本」や「読書」を素材としたものなら何でもという、大雑把な原稿依頼だったが、執筆者の方々は面白がって応答してくれた。デザインは祖父江慎を中心として様々な趣向が試みられ、一時期は「土星紀」そのものの用紙も毎号変えた。

本書には、すでに『文字の靈力』（2014）に収録された杉浦康平によるエッセイ（一九九一年四月から一九九四年三月まで八編を掲載）を除く六七編の「標本」を収録した。「標本箱」が掲載された一九八六年から二〇〇〇年一月までの間には、本の制作環境も本を取り巻く社会状況も大きく変動した。だから二〇二〇年のいま、あらためて読み直してみると、「時代」を感じる瞬間も少なくないのだが、意外にも、というか当然にも、本への眼差しや書物感覚のようなものはほとんど変わっていない。最後に残るのは、本なのである。（文中敬称略）

工作舎編集長　米澤敬

最後に残るのは本　目次

ないたあかおに

小松和彦

私はいま3LKの公務員宿舎に、妻とまもなく四歳になる娘の三人で暮らしている。この広さは普通のサラリーマン家庭ならばましな方なのかもしれない。だが、私の場合はあまりに狭すぎる。学生時代から貪欲に買い漁り続けてきたために、入居時にはすでに書斎兼書庫用の部屋から溢れ出ていた本が、他の部屋のほとんどありとあらゆるスペースを埋め尽くし、なお止むことなく増殖を続けているからである。幸か不幸か、連日のように献本が送られてくるため、いまではもうこの増殖を私自身の意志では阻止できなくなっている。昨年の後半は外国出張のため一冊も自分からは本を買わなかったが、帰国してみると本箱一箱分にもあたる献本が届けられていた。送っていただいた方には本当に感謝にたえないが、こうなってくるとさすがに悲鳴をあげざるをえない。

ところが、こうしたまことに厳しい状況下にあるにもかかわらず、わが家に新たな居住空間侵略者が出現した。娘である。どうやらわが娘も本好きらしく、本屋に連れて行くたびに絵本をねだるのみならず、近所から不用になった絵本を譲り受けては蔵書数を増やし、つい最近の引越しシーズンには蔵書数倍増という快挙を成し遂げ、私の〝領土〟を確実に侵し始めている。それればかりではない。娘はそれらの本を次々に持ってきては、読んで聞かせろとせがみ、貴重な私の時間までも奪い取ろうとするのである。

だが、私も負けてはいない。ならば、絵本も私の研究守備範囲に取り込んでやろうと、せっせと読んでやることにしたのである。一石二鳥というわけだ。

しかしながら、その努力もむなしく、最近に至ってひどい敗北感を味わわされている。というのも、「鬼」の研究者である父親への娘の優しい配慮なのだろうか、私の顔をみては読んでくれと持ってくる絵本がいつのまにか、『ないたあかおに』のみという事態になってしまっていたからである。

かくして、私は複雑な思いで、もっとも親しんでいる本は、と人から問われたとき、数えきれぬほどくり返し読み聞かせているこの絵本をまず思い浮かべてしまうのである。

一九八六年四月

匂いのない「電子の本」

坂村 健

一昔前、そしてほとんど今でもそうなのだが、本と言って思い浮かべるのは紙の上に印刷された匂いである。本には匂いがある。アメリカの本は臭く、日本の本はいい匂いがする。本は嫌いな方ではないため、特に新しい本の匂いは好きだ。手当たり次第色々な種類の本をかぐのは一つの楽しみである。

しかし最近昔とは違って、匂いのない本が出始めようとしている。コンピュータを使った「電子の本」である。紙の代りにディスプレイ装置を使って見る「電子の本」の構造は紙の本とは異なる。普通、本というのは長さが決まっていて最初から読んでいくという一次元構造に対して、「電子の本」は一挙に三次元構造となる。紙の本が最初から順にページの上を追っていくのに対して、電子の本ではページの中に入っていける。立体的な本の読み方のコツを覚える必要がある。たとえば、従来の本では、興味のない部分は読み飛ばすといったことをしてきたが、「電子の本」では読み飛ばすのではなく、開かなければいいのである。ディスプレイ上の説明でわからない部分があれば、その部分を電子のペンで選んでやれば、さらにその説明がディスプレイ上に展開するという感じである。さし絵の上に電子のペンを持っていって押さえると絵が動き出す。ＴＲＯＮ《トロン》という私がデザインしているスーパーパーソナルコンピュータ上の「電子の本」での話である。

最近私は『電脳都市』（冬樹社刊）という本を作ったのだが、注をたいへん細かく、山のように付けた。これは「電子の本」を意識したものだ。確かにこういう本を作るのは大変であり、さらに研究が必要だ。

「電子の本」は従来の紙の本を置き換えるものではなく、全く別のものであるという認識がないとうまく作れない。ただ単に紙の本をレーザーディスクやCD－ROMに入れても全く面白くないのである。こういうことを少し注意して「電子の本」に付き合ってみる。本を読む、いや見る楽しみはさらに広がる。しかし、ただ一つ残念なのは、あの本の匂いがなくなってしまうことである。

一九八六年五月

宜しかったら豪華本に

小野健一

厚さ一ミリ、辺長十六センチの正方形のアクリル板の中央に辺長十二センチの正方形の穴を開け、両側から厚さ一センチ、辺長十六センチのアクリル板ではさみ、中にできた空所に直径一ミリのベアリング用のボールを一万個入れて、結晶の模型と称するものを作ってみた。

空所の大体六割がひとかわ並べの鋼球でふさがれた格好になるが、それが不規則な折れ線で幾つかの部分に分れ、それぞれの部分は鋼球が実に整然と並んで結晶内の原子を彷彿とさせる。精しく見ると、内部に又、格子欠陥あり、ディスロケーションあり、本ものの結晶に見られるあらゆる現象がすべて美事に再現されている。両手で自動車のハンドルのように持って、静かに左、右に傾けていくと、ある角度に達して鋼球が崩れるたびに、ぱっ、ぱっ、と紋様が変化する。隣接する三つの球が正三角形に並ぶ結晶形の他に、ところどころ四つの球が正方形に並ぶ結晶形が小さく現れたりするのが専門家にはたまらなく面白いところで、水平に保って静かにゆさぶり、何とかして全体をアモルファスにしようと頑張ったり、静かに傾けながら、どれか一つの結晶を育て、全体を一つの単結晶に変えようとしたり、遊びの種はあとからあとから出てきて、いつまでたってもきりがない。

そんなところへ、編集長の十川治江さんがぶらりとやって来た。工作舎は環状六号線沿い、東大教養学部とは背中合わせのところにあるので、気分転換に構内でも散歩なさっているところだったのであろう、早速お見せしたのだが、「豪華本の装幀に使えないかしら」という彼女の感想が意表を突いた。流石に専門家、透明な表紙、動く表紙、変化する表紙とは斬新である。遊びのあるところがポスト・モダンで面白い。こんな装幀の第一号はぜひ工作舎で出して頂きたい。宜しかったら、私の「歌集」でもこんな装幀の第一号になさっては。

一九八六年六月

私と本

杉浦日向子

「ダーウィンなどは毫も書物を大事にしなかった。彼は重い本などは持ちやすいように半分に割ってしまい、また本を置く場所を節約するため大事なページだけをとって、あとはみんな捨て去ってしまった。いくつかの病名にその名を残している神経学の泰斗ジャクソンも似たようなことをしている。彼は友人などに必要な個所を切りぬいて送ってしまうので、その蔵書には満足な本はほとんど一冊もなかった。彼は本屋で書物を買うと、その場でたちどころに表紙をひきはがし、ついでバリバリと頁を二分して半分を一方のポケットへ、残りの半分をもう一方のポケットにねじこんだという」（北杜夫「マンボウ万華鏡」より）。

こんな話、嬉しくって大好きです。

私自身は、というと、軽装判であれば、それはもう迷いなくバリバリのスイスイ（カッターの音）ですが、ハード・カバーでは、まだ手がひるむのが未熟者たるゆえんです。

仕方がないのでハード・カバーは、頁を折ります。最重要と思う頁は縦半分に（それが数頁にわたる場合はまとめて）側辺をのど側へ折り込んでおきます。次に大事な箇所は、頁の天辺をピッタリのど側へ三角形に折り込みます。あとは、その三角形を、事項の大切さ加減によって小さくしていき、一寸ひっかかったという位なら、頁の上隅が五ミリ程度三角に折れているといった具合です。

この折り印は秀逸であると自負しています。まず付箋や筆記具がいらないし、本の有用度が一目でわかります。私は机上で書見をした試しがなく、随意の場所で寝転んで読みますから文房具などにかまっていられないのです。折り印の一つもない本はそのまま古本へ、一つ二つなら筆写してこれも古本へ処分します。

バリバリスイスイの軽装判も、折り印でふくれて箱《ケース》に入らなくなったハード・カバーも、無疵で売られる本よりは仕合せと思います。

一九八六年七月

ワールブルク研究所のこと
フランセス・イエイツのこと

佐々木力

私の数学史における師マホーニィによる数学者フェルマの伝記には次のような一文が見いだせる。「このくだりの複雑な内容を解読するためにはフランセス・イエイツのような人（a Frances Yates）の特別な才能を必要とする」。ジョン・ディーによる数学論の難解さに注釈した箇所においてのことである。ここでイエイツは固有名詞としてではなく、不定冠詞を伴った「普通名詞」として現れているのである――難解極まる思想世界の蓋を開ける特異な才能の持ち主として。

私がロンドン大学ワールブルク研究所を訪問したのは一九七九年晩秋のことであった。ルネサンス・アリストテレス主義についての碩学チャールズ・B・シュミットを訪ねてである。周知のように、ワールブルク研究所はナチズム・ドイツを逃れて一九三〇年代中葉ハンブルクからロンドンに移った。シュミット教授は研究所内の図書館、研究室を案内してくれた。ここの蔵書はカッシーラーを感銘させたことでよく知られている。書物群には明らかにイエイツの思想が刻印されていた。シュミット教授は言った。「財政危機が書物収集をとどこおらせている」と。

シュミット教授はさらにイエイツの研究室の前で足を止め、彼女が八〇歳の現在も一週間に一度彼女の主催するセミナーを開いていると教えてくれた。イエイツはそれから約二年後の一九八一年九月二十九日逝った。私はイエイツの思想分析の手法には必ずしも賛成ではないが、彼女が目を向けた特異な思想世界が思想史家が目を背けてはならない対象であること、彼女のエネルギーが巨大であることは率直に認める。私は一つの興味深い思想世界に学問的市民権を与え、一つの「普通名詞」になったイエイツの苦闘をワールブルク研究所の精神に似つかわしいものと思う。日本人の女性からも誰かイエイツ的大望を持つ人が現れ出ないであろうか。

一九八六年八月

「木」を削る者にとっての「本」

稲本 正

蝉しぐれのなか、山を歩いた。楢《ナラ》や朴《ホウ》や橅《ブナ》といった広葉樹の樹々の間を通る風は涼しい。何かこおばしい香りがしてきたが、別に人が火を燃やしているわけでもないから、土の香りなのだろう。山を歩くと、いつも思うのだが、縄文人はただこうして歩くということを唯一の移動の手段としていたのだから、彼等は土の変化に敏感であったろうなぁと。そして狩猟、採集を主にして野山を駆巡り、豊富な食糧を常に、旬で食べ、生活を自らの手で常に創意、工夫し、そしてあの芸術的な土器や木器を作った。ある意味では、ナチュラリストにしてグルメかつスポーツ・マインドを持ったサイエンティフィック・アーティストというい わば現代の理想に近い人物像が浮かんでしまう。

そして私達オーク・ヴィレッジというのは時代錯誤の縄文の理想を現代に求めようとしてしまったのかもしれない。勿論、理想という彼岸はいつまでも彼岸にあるのだから、煩悩を脱っするための精進は嫌でも現世では続いてしまう。また、狩猟、採集の時代から食糧生産の時代、工業化の時代、そして情報化の時代をへた今日は、何をどうひっくりかえしても縄文時代に戻るわけがない。よしんば戻ったにしても欲深い私はやはり不満を持つであろう。

不満は沢山あるだろうが、やはり縄文時代に本がないというのは、かなり重要視されなければいけない不満の一つにちがいない。私達は一九七〇年代、ちょうど日本が情報化時代に突入する頃、この山奥にはいった。そして、私はこの十数年殆どテレビを見なかった。見なくとも命に別段異常があったわけではなかったし、情報化に特別乗り遅れたという感もない。ただ、もし、この十数年私が新聞も読まず、本も読まなかったなら、と思うとなんとなく背筋がぞうっとしてしまう。

情報化時代の先に、この後どういう時代が訪れるかは言及しないにしろ、前述の、ナチュラリストにしてグルメ、スポーツ・マインドを持ったサイエンティフィック・アーティストという理想像はあいかわらずそれなりの輝きを持つような気がしてならない。とりわけそのなかでもサイエンティフィック・アーティストたらんと願う人と、本という古くて新しいメディアとの関係は、この先も、結構面白い展開になりそうで楽しみだ。

それにしても「本」という漢字の下の横棒を一本削ると、「木」という字になってしまうのは、山奥で木を削ることを仕事にしながら、本から離れられない自分にとっては、何とも皮肉と言わざるを得ない。

一九八六年九月

本になりすました標本箱

海野和男

先日、知人の家を訪ねると、応接間の立派な書棚に手垢一つつい
ていない文学全集が並べてあった。
僕の友人は本関係の仕事をしている人が圧倒的に多いので、部屋
中に本が散乱しているのが普通である。そういった家ばかり見てい
ると、本がごく日常的な物に見えてきて、日本人全員が本の虫であ
るような錯覚に陥ってしまうので、立派な本がインテリアになって
いたりするのを見るとなにか逆にほっとするのである。
本が売れない時代だと言って友人の編集者たちはよく嘆くが、本
はもともとひとにぎりの人のための物だったような気がする。百年

も二百年も前のヨーロッパの本を見ていると、それは大層立派な造りをしている。もちろんハードカバーで、背は皮、金箔押しである。

立派な本は内容のいかんを問わず、何かインテリ階級になるための素が詰まっているような気がするものだ。人間は裕福になってくると、自分にない物を求めようとする。そんな時、立派な本を手元に置くことで心が豊かになるというか、それだけでインテリの仲間入りをしたような気になれるものである。だから日本の高度経済成長時代は、全集物が百科事典がよく売れた。それが今はぱったりであるという。本は大衆化されインテリゲンチャの権威を示さなくなったのであろう。

以前パリを訪れた折り、自然史博物館の書棚に立派な百科事典のような本が並んでいるのを見た。開いてみると、それは本ではなくて昆虫の標本箱であった。オーベルチュールという人の百年ばかり前のコレクションで、とびきり上等な甲虫標本が入っていた。南米産の大きなオオウスバカミキリがある。今だったらその標本の多くは金で手に入るけれど、当時これを入手しようとしたらどれほど困難であったことだろう。博物館のベルナルディ博士の研究室で古い本型の標本箱を頂いてきた。オーベルチュールのと比べれば、ちゃちな物であるが百年以上前の物である。使いづらいので処分するのだという。

帰路空港の免税店でカミューのブックを買ってしまった。以前は成金趣味とばかにしていた物だが、どうしても欲しくなった。中身はたかがナポレオンであるが、僕の好きなアルマニャックのX.O.を入れることにした。ついでに本型標本箱にも南米産の甲虫を入れて、いっしょに本棚に並べてしまった。時々だしてアルマニャックをなめながら本型標本箱を開くとちょっぴりインテリになったような気がするのである。

一九八六年一〇月

闇に咲く本

田中優子

上田秋成の小説には、しばしば読書する若い男の姿が描かれる。あるいは学問（つまり読書）や歌が好きでたまらぬ男たちが、主人公となる。彼らはきまって、異世界に連れ去られてしまう。あるいは、異世界が向こう側からやってきて、彼はそれに触れてしまう。

それは十八世紀の物語の世界のことだ。しかしそれほど昔の話ではない。ついこの間まで、日本では読書は禁忌であった。それは特別な人間だけに許される特殊な行為で、ともするとその行為を理由に、家庭の中で足蹴にされたり邪魔者扱いにされた。文章、特に小説なんぞ書こうものなら、一生罪悪感をぬぐい切れないのが普通の人間の神経だった。『雨月物語』の序文は、耐え切れずに吐きだした、その罪悪感のかたまりのようなものである。

読書は灯火をともして夜おこなうものだった。昼は耕作や漁りをしなくてはならないからだ。『春雨物語』の一篇にこういう話がある。夜中すぎてもまだ読書をしている男の耳に、降りしきる雨の音が聞こえている。ある瞬間ふと雨が止む。と、その向こう側から、念仏を唱える時に叩く鉦の音が聞こえてくる。男はその鉦の音に引かれるようにして庭に下りて行く。事件はそこから始まる。――その後は書かないでおこう。とにかく、読書が「悪」であるという観念と、夜の世界のものであるという事実の中で、逆に絢爛豪華な「本」の世界が展開し始めるのが、近世という時代の不思議さだ。

狂歌絵本というのがある。あの蔦谷重三郎が、これを大々的に売り出した。ただの狂歌集ではない。狂歌集と浮世絵を合体させた、ヴィジュアルな色彩版画の本だった。蔦谷重三郎は、黄表紙という漫画本の一種を、当時最高の知識人たちに書かせたりもした。狂歌絵本にしても黄表紙にしても、あるいは彼の売った一枚絵にしても、その版画の水準の高さは、世界的なレベルにある。一方に、須原屋市兵衛がいた。『解体新書』や地球図、世界地図をはじめとする、地球の視覚的な情報の提供者だった。眼で見る、めくるめくような本——江戸の十八世紀、闇の存在である「本」は、闇の存在であり続けながら、絢爛たる色を発しはじめていた。

一九八六年一一月

本の代謝

芹沢高志

本の買い方は人それぞれだが、その捨て方、処分の仕方も千差万別だろう。ときどき〝本の代謝〟ということを考える。本という奴は放っておいても増えていくもので、だから、ほかの人はどうやってこの現実に対処しているのか、興味があるのである。

友人たちの話を聞くと面白い。ほとんど本を買わない、つまり〝流入量〟がほとんどゼロの者もいれば、その反対に処分しない、つまり〝放出量〟がほとんどゼロの者もいる。もっとも、こういう純粋タイプはごく少数で、多くの場合はこの中間に位置している。

ストック量を一定に保っている人もいる。彼女の場合はその量を一〇〇冊と限定し、新たに五冊買うと、蔵書をチェックしなおして五冊を捨てる、というやり方で管理している。また、個人のストック量はごくわずかに抑え、あとは図書館という情報プールを最大限に利用している者もいる。彼は根っからのケチで、かつ、オブジェとしての本に対するフェティシズムは皆無である。あっさりとしたものだ。

ではわたしはどうかと言えば、病的な振動状態にある。わたしは、どちらかと言えば、本をよく買う方だろう。献本もある。したがって、流入量は多い。こういう成長期が、一年から二年続く。ところが、ある量、本がたまってくると、無性に腹が立ってくるのだ。そして、すべてを処分したくなる。これは異常なまでの衝動で、ときには蔵書の大半が古本屋やチリガミ交換行きとなる。そしてまた、次のサイクルが繰り返されるというわけだ。バカバカしい話である。……しかし、どうしようもない。わたしの場合、処分の衝動が訪れるのは、大きな仕事が一段落したときや、今までの自分がいやになったときと重なっている。何か心理の深層で、自分を駆りたてるものがあるのだろう。蔵書に自分の今までの姿を映しだし、それを御破算にしようとするのかもしれない。わりと手軽にできる、自己処刑である。

一九八七年一月

本の風合い

奥村靫正

最近また日本画に積極的に取り組むようになっている。

そういえば、ブック・デザインをするときも、絵を描く姿勢とあまり変わらないような気がする。日本画が好きな理由は、ひとつにそのこだわりのない装飾性という点だが、本を装丁する場合も、日本画のもつこのバリエーションの自在さを活かすようにする。おもてに見える本のカバーは、本の内容や著者の意向、出版社の希望を聞き、その上で何ができるかを追っていく。ふと気がぬけると言ったら語弊があるかもしれないが、カバーの下の「本表紙」や、内側に折り込まれる「袖」、本を手にしてまず開く「見返し」のデザインは楽しい。ついつい本気で飾りはじめてしまう。

自分なりのスタイルを構築しようとは思わない。仕事の四分の一をしめるせいか、最近よく聞かれる「装丁作家としての自論」などもない。むしろ大切にしたいし、こだわりたいのは「匂い」や「風合い」といった感触である。用紙から自分で造り、「紙魚供養」などを著し、出版人でもあった斎藤昌三の自装本、木村荘八のシンプルで肌ざわりが伝わってくるような本がいい。際限のない素材の世界に立ち合っているからだろう。

文字の形態自体にも関心はある。同じように、いやもっと紙という素材に魅力を感じている。ところが、いいなと思った紙は、たいてい高価で、本に使うことは断念せざるをえなかったりするのだ。紙を開発したらどうだろうか……。なんとかこの壁を突破できないものだろうか。

一九八七年二月

わかる本　知る本　好きな本

彌永信美

ひとは自分のわかることしかわからない。……バカバカしいほどあたりまえのことだが、考えてみると不思議なことでもある。「わかることしかわからない」のだったら、いったいいつ、新しいこと……これまでわからなかったこと……がわかるようになるのだろう。それとも、プラトーンの想起論《アナムネーシス》の逆説が言うように、われわれは生まれつき、わかるはずのことをすべて「潜在的にわかって」いるのだろうか。

ぼくは本を買い、所有しているのは好きだが、実際にはほんの少ししか読まない。特に、いわゆる思想や哲学の本はほとんど読まない。というよりも、読めない。大部分の本は難しくてわからない。そしてわかる本は、もうわかっていることとだから、たいてい読んでもあまり興味がわかない。ずっと以前に買って読みかけたが、まるでわからなかった本が、十年ほどもたってふと取り出して読んでみると、もうわかりきったことで読むまでもなくなっているように感じることもある。

逆に歴史書など、事実が書いてある本は、一般には哲学・思想書よりは読みやすい。事実は「知る」のであって「わかる」のではない。しかし「知る」のであっても、こちらがまったくの白紙状態では、取りつきようがない。実際には相当部分のことをすでに知っていて、そこに少しだけ知らなかった新たな事実についての知識がつけ加えられる程度の場合が、いちばん読みやすい。

しかし「わかる」ことや「知る」こと以前に、より本能的な「好き・嫌い」のようなものがある。「好き」な本だと、まるでわからなかったことでも、突然わかってしまうこともある。これも広い意味での文体、あるいはレトリックというのだろう。そしてこれほど掴みどころのない、奇妙なものはない。

われわれはいったい、本の何を読んでいるのだろうか……。

一九八七年三月

いっしょに暮らしたい本

コリーヌ・ブレ

本は人間と同じで、惚れていっしょに暮らしたいと思う本には、人生の中でそれほど多く出会わない。惚れているけれど暮らしたくない本や、惚れていないけれど暮らさなければならない本はけっこうある。

本の個性を決めるのは、内容というよりも、本自体が持っているオブジェとしての存在感。簡単に言えば、存在感のある本は三次元の感覚がある。インクの匂い（私は匂いには特に敏感で、本を買う時にも、本を開いた時の匂いにけっこう左右される）、紙の質と色、本文レイアウト、ブックデザイン、すべてが一体感を持っている。最近書店に並んでいる本は、残念ながら二次元の感覚のものがほとんど。売ろうとするためにかわいらしく化粧されて、最終的に存在感がうすれてしまっている。

私が本を買う時のひとつの基準は、その本が仕事に必要かどうか、自分に興味があるかどうかという点。この基準で選んだ本はどんなに内容がよくても、読んでから捨てることができる。あとデザインにひかれて思わず買ってしまう場合もあるが、そういった本は読まないことが多い（私の本棚をぐるりと見わたしてみると、戸田ツトム氏がブックデザインをした本が何冊もある）。内容にもブックデザインにもひかれる本はどうしても捨てられない。そんな存在感のある本は今までに三冊しか出会っていない。

一冊は日本に来る時にトランクケースの中にいれてきた十九世紀の詩人ジェハン・リクチュスの本。パリの下町をうろついていた貧しい男が、ある晩キリストに出会うという内容の長編詩集である。もう一冊は日本に来て日本語を勉強している時に読んだ山姥の本。一日一編のストーリーを読んでいったのだが、すごく怖くて悪夢を見たほど。今でもその本を見るのが怖い。最後の一冊はフォスコ・マライニというイタリア人が書いた日本に関する本。とても格調高く、私の意識の中では、日本について書いてあるというだけでなく、独立した一個の人格を持った本としてある。この本はフランスの母の家にあずけてあったのを、先日船便で日本に送ってもらうことにした。もうそろそろ着く頃だ。惚れた本にはやっぱりそばにいてほしい。

一九八七年四月

子供が盗んだ「チャップ・ブック」

井村君江

「チャップ・ブック」と呼ばれるイギリスの豆本。片手の掌に載る大きさ（縦十糎、横六・五糎）であるが、一枚の紙を三つ折りにし、一面に八頁、表裏で十六頁の勘定で文字と木版画を印刷し、そのまま一枚続きのもの、切って糸綴じにしたもの、黄色や茶色の固い表紙付きのものと様々な造りがある。

エリザベス朝から十八世紀までのイギリスには、チャップマンとかペドラーとか呼ばれる行商人が、町から村へ家々の戸口へと、小間物を売り歩いていた。「黒ガラス球《たま》の胸かざり、コハク細工の首かざり、御婦人がたのお香水……留針、縫針、ハガネの襞付《ひだつ》け、さァさァ買ったり買ったり」「どれか買って。あたし印刷になってる唄が一ばん好きよ。印刷になる位だから、きっと本当だと思うわ」（シェイクスピア「冬の夜ばなし」）。小間物屋の売り箱には、四つ折りの流行唄が入って売られていたのである。

十八世紀に盛んに売られた「一ペニー・シリーズ」バンベリー版チャップ・ブックになると、昔ばなしや小ばなし、マザー・グースの唄等が、ジョン・ビュイックの細密画のような木版挿絵入りで、本の体裁がとられてくる。一種の消耗品で読み棄てにされたので、本国でも現物はなかなか手に入れ難いが、数年かけて蒐集した一七〇九年や一八一四年のバンベリー版、ヨーク版などが二十数冊手元にある。「親指トムの物語」「シンデレラ」「巨人退治のジャック」等の昔ばなし、「ロビンソン」や「森の子供たち」、「コック・ロビンは何故死んだ」や「子守唄」、「船乗りの花嫁可愛いマリー」の流行唄、「絵入りアルファベット教本」等、色々な種類がある。

ニューベリーが十八世紀に、ロンドン、セントポール寺院前で子供のための楽しい本を印刷出版するまで、子供たちに与えられていたのはＡＢＣ習得のため、主の祈り暗唱のため、羽子板に似た柄つき板に貼った一枚の絵付き活字「ホーン・ブック」「バトルドアー」だけであった。「ガリヴァー旅行記」も「ロビンソンの冒険」も、子供たちが勝手に大人の本箱から子供部屋に運んだ本であった。人形の家《ドルズ・ハウス》の側に置いても似合う素材で魅力ある豆本に、ロビンソンの話が入っていれば、子供たちは見逃すはずはない。チャップ・ブックはイギリスの子供の本の前身といってもいいようである。子供のための本を書く大人にとっては、話の種の宝庫であった。

一九八七年五月

本と検閲

野崎昭弘

「チャタレイ裁判」がいつのことだったろうか。訳者・出版社ともに有罪という判決は、今そこらに溢れているポルノまがいの雑誌と比べると、前世紀の遺物か戦前の幽霊という感がある。

今は昔のように、出版以前の検閲はなくなった……とは一般的にいえることであって、例外がある。初等・中等教育で使われる教科書については、事前に文部省の検定をうけ、認可されたものしか使用できない。実は認可されなかった本であっても、表面上「参考書として使用する」という抜け道もあるはずなのだけれど、教育の現場は、例外を無視して平均的・戯画的なイメージをいえば「文部省以上に保守的・官僚的・硬直的」なのである。そこで教科書出版社は、何はともあれ文部省のお墨つきを頂戴いたしたい、と努力することになる。私が関係した高等学校用の数学の教科書の場合も、基本的には例外でなかった。

ただ、公平を期するためにつけ加えると、文部省の教科書検定官は、保守的な人ばかりではない。むしろその蔭に隠れている検定委員会のメンバー（多くは大学教師）の中に、とんでもない石頭がいるらしい。ずいぶん誤植を指摘して頂いたりしているので、大きなことをいえる義理ではないけれど、それにしても「どうしてこんなくだらないことに……」と思うような指示も多かった。検定は今も進行中なので、あたりさわりの少ない例しか書けないけれど、「パチンコの玉」が削られて「ナイトクラブ」が無事通過するとか、ナカグロ（・）を認めるかどうかで論争するなど、まあいろいろあった。私などは不精だから、どうでもいいところはドンドン譲ってしまう方針であったが、私が欠席した会合で、どうでもいいところばかり指示してきた検査官が、ドンドン譲ったら「節操がない」といったとか。こういうのと対面すると私などはつい「そりゃあんたがクダラナイことしかいわないからで」といってしまいそうである。

それでも我々の教科書は、別の検査官から「ユニークでよろしい」とおほめの言葉を頂戴した。最初は検定で落とされるのも覚悟、と口先ではいっていたくらいで、特色のある教科書ではあった。それが売れたかというと、あまり売れない。現場の意向にそわないところがあるらしい。何とか現場の教員の検閲をもパスするような、しかもユニークな本を作ってみたいものである。

一九八七年六月

わが部屋をめぐる旅

高山 宏

朝の光がカーテンの隙間からさしこんでくる。さっと起きたいのだが、ひどい低血圧のぼくは横になったままぐだぐだしているしかなくて、仕方なく暗がりに山と積まれた本の背表紙にぼんやりと視線をはわせる。病身のデカルトがそうだったように、朝のこの強いられた無為の時間を、ぼくはいつのまにかごろごろうだうだと結構楽しむようになっている。電話がかかってくるには大分間がある。あわただしく愚かな一日のこの始まりの時だけは、こうしてぽかっとあいたゴージャスな無為を満喫する。

洋書はカヴァーがきれいだから背表紙を眺めているだけで楽し

い。そのうち何となく一冊の本に視線が落ちると、いくら人に説明しても分かってもらえぬぼくの極上の快楽が始まる。この本はたしかこんなことが書いてあったけど、そのことはあの本にも出てたよなあ、この二人の書き手はどんな関係なのかしら……とかとか、それこそ万余の書物のあいだをぼくの半覚醒の想像力は気持よくトリップし続けて飽きることをしらない。絶大な量の知識が全く予想もしなかった線か軸かを得て、全然ちがった配列に並びかわり、またちがった切り方によってまたまたリアレンジされていく「コネクションズ」の快楽。ところがこの頃そんなものは「知の冒険者」一党の「軽便」な児戯に過ぎないと言って憤激される「大人」の方々が出てきて困ったことになったなと思っている。ぼくの場合にはまさに快楽なのだから仕方がない。本から本へとトリップする視線は、時々しみひとつない真白な天井にと投げ返される。何冊かの本に触発され、新しいコネクションズ、新しいフローチャートが浮かび上がってくるまで、年表の断片やら地図の断片やら、得体のしれない断片や要素が白いスクリーンの上にめまぐるしく浮かんでは消えるのだ。こうしてできた特集雑誌の目次というか企画も少なくはない。意識のスクリーンとなる白い壁か天井かを持たない書斎は多分不毛な書斎なのである。

司書もどきの仕事をやったこともあって、世界だの秩序だのというものを一冊の巨大書物、一個の宇宙図書館として感じる大変メタフォリカルな感性が身についてしまったらしい。記憶術、普遍言語、分類学、博物学、「描写」といった表象行為をめぐるぼくの最近の仕事だって、世界を一冊の本とみる感性の快楽と限界を追って、つまりはぼくの寝室兼書庫の風景を描き出しているのにすぎない。

一九八七年七月

背伸びして読む本

奥井一満

いつの頃からか本（と言うよりも出版物と言うべきか）を意識せざるを得ない生活を送っている。本が毎日の暮らしの中にへばり付いているのである。いささか、これは鬱陶しい事でもある。と、言いながら広告や書評が気になり、本屋を避けて通れない。そんなこんなで家の中にやたら出版物が溜ってしまう。「何とかならないんですか」と家の者たちに蔑まれ、挙げ句、人は何故これほどまでに本にこだわるのか、などと自問自答することになる。「そうだ！　最初に記録を残した奴がいけないんだ」と見当外れの八つ当たりを頭に浮かべ、さて、これほどまでに記録に固執する動物が他にいるだろうかと考える。「いない！」どうやら記録にこだわり、記録を操る動物は人間だけだ、それ故、私たちは本を読む、と何とか納得する。

問題は、その先だ。読解は個人の情報量（知性と言ってもよい）と深い係りがあろう。「それなりの判読」がなされるのである。その意味で記録を残した者の意志とはかけ離れた判読もあろう。「読み取る」ことは難しい作業であると同時に、いたって個人的である。人それぞれ、読書し理解しようとする。そして、さらに難しいものに挑戦する。背伸びを承知で手にする本は入手した時から、何となくずっしりとした重みを感じるものである。それは決して豪華本でなくていい。ちゃちな一冊でもいいのだ。そんな一冊が私の書架にも幾つかある。思いつくまま、その一冊を取り出して見た。「レオナルド・ダ・ヴィンチの解剖手稿――デラナトミア集輯A及びBの研究」秋元寿恵夫著、和敬書店、一九四七年版である。昭和二二年で確か私は中学二年だった。裏表紙に下手なローマ字で［S・M・S・K Okui］とあるのは湘南中学の略である。何かの用事で大森の親類に使いに行った。その時、先方の伯父が百円の小づかいをくれた。当時の私の一ヵ月分を越す大金だった。思わぬ収入に胸がどきどきしたが、妙に気も大きくなり何に使おうかと思案した。帰路、大森駅近くで本屋が目にとまり飛び込んだ。おぼろげながら、生物学か医学関係に進もうと考えていた私は、棚にこの本を見つけるや否や、たまらなく欲しくなった。とても中学生の手に負える内容でない。四五円も度胸のいる出費である。だが、買った。帰りの車中でページを繰りながら家に戻ったらどう説明しようかと悩んだものだった。「判りもせぬものを」と無駄使いを責められるのが関の山だからだ。でも名を知っていた天才を垣間見た気持がそれを上回った。結局、熟読したとは言えぬまま今日に至るが、背伸びして入手した本、そんな出会いもあるのだ。

一九八七年九月

マラルメの反＝書物論

兼子正勝

それは古今東西の書物のなかでおそらく最も変わった書物にちがいない。それはそもそも書物の形をしていない。そこにはタイトルもなければ著者の名前も書かれていない。頁も綴じられていないし、カバーや函に収められているわけでもない。その「書物」を構成するのは何やら詩らしいものが書かれた数十枚の紙片だが、それらの紙片はばらばらのままで、幾つかの引き出しにしまいこまれているだけなのだ。その引き出しを勝手にあけることも禁止されている。その「書物」を読もうとするわれわれは、机の置かれた部屋のなかで辛抱づよく待つしかない。やがて合図の鈴の音が鳴るだろう。そして一人の小柄な男が現れて、おごそかに紙片を読みあげてくれるだろう。ただし紙片が読みあげられる順番は毎回毎回ちがうので、何度通ってもそれがどんな「書物」なのかはよくわからない。ただ目のまえでいつも紙片がひらひらと舞っていた。男の指から指に紙片がひらひらと舞うごとに、そのつどちがった意味のようなものが一瞬現れては消えていった……そんな漠然とした印象が夢の記憶のように残るだけなのだ。これがマラルメの有名な「書物」である。もう少し正確に言えば、まだ二十五才のマラルメが抱懐した絶対の「書物」の夢に、後に与えられた具体的なイメージのひとつである。これが本当に書物だろうか。こんなとりとめもない形をしたものが、本当に書物と呼べるのだろうか。……そんな疑問をわれわれがいだいてしまうのは、書物とはすべからく「完結したもの」であるという近代的な作品概念をわれわれがいまだに持っているからだ。作者が意を傾けて制作し、自分自身のすべてを注ぎこみ、少なくともその瞬間の自分のすべてを実現したものとして、これ以上はもはや変わりようがないものとして、「完成された」鑑賞の対象として視線のまえに差し出されるのが近代的な書物――作品であるとするならば、マラルメの「書物」はほとんどその対極にあると言えるだろう。マラルメの「書物」は完結しない。それは読まれるたびにちがった顔をみせ、読まれるたびにちがった意味を浮かびあがらせる。それは意味の固定される場所ではなく、むしろ意味がそのつど新たに生成する場所なのだ。その「書物」の構想はついに実現されることはなかったが、少なくともマラルメの頭のなかでは、書物という制度に代わる何か新しいものが生まれていたことだけは確かである。

一九八七年一〇月

ショーペンハウアーの読書論

田隅本生

アメリカの進化生物学者で『個体発生と系統発生』（工作舎）の著者、S・J・グールドは非常な多読家、博識家として知られる人である。彼のどの著書をとっても、あらゆる分野にわたる西洋の古典からの引用が頻々と現れ、文芸作品を想わすような独特のスタイルを作りあげている。

こうした書物をひもとくとき私がまず連想するのは、一方では湯川秀樹著『本の中の世界』（岩波新書）、他方ではA・ショーペンハウアー著『読書について』（岩波文庫）のことだ。百数十年をへだてた東西のこれら二書に通ずるのは、古典への敬愛とそれに親しむことをすすめる点だが、共通点はそれきりである。湯川は人も知る進歩的文化人、ショーペンハウアーは孤高の保守主義者だった。

戦前には人気のあったショーペンハウアーの哲学は、民主主義の世になってから影がうすれてしまった。先年その全集（白水社）が出されたこともあったが、それが著者の復権に役立ったのかどうかははなはだ疑わしい。

にもかかわらず、彼の読書論には今なお共感をよぶ要素が多いのである。湯川の淡泊高雅さとは対照的に、彼は俗悪陋劣凡庸卑賤な著作者たちと、彼らの書き散らす新刊書にとびつく愚昧な読者大衆へ仮借ない皮肉を連発し、悪口雑言罵詈讒謗を雨あられと浴びせる。

「金銭めあてに、あるいは官職ほしさに書かれるにすぎない悪書が読者の金と時間と注意力を略奪するのである。……著作家の大半は読者のポケットから金を抜き取ること以外に目的がなく、著者と出版社と批評家はそのために固く手を結んでいる。……読書に当たっての心がけとしては、読まずにすますす技術が非常に重要である。……増版に増版を重ねるような……小説や詩などに手を出さないことである」（斎藤忍随訳）。そして結局、精神のための清涼剤としてギリシャやローマの古典を推奨する。毒舌家、ペシミスト、女性の敵、自殺肯定者として名高いこの哲学者は、それより前にまずきびしい理想主義者だったのであり、湯川との共通点はここにあったのだ。

彼の読書論や書物論は十九世紀前半のドイツのものだが、現代のどの国でもますますよく通用しそうである。今日の西独人は、ショーペンハウアーがあれほど誇りにし大切にした自国語をなおざりにし、一冊の本をそっくり英語で出すまでになってしまった。

ところで、汗牛充棟の和訳書に埋もれ、もはや読書論も書かなくなったわれわれの現況はどう批評すべきか。ショーペンハウアーは翻訳についてただ一言だけふれていた。「汝、非礼なる翻訳者よ、すべからく翻訳に価する書物を自らあらわし、他人の著書の原形を損うなかれ」。

一九八八年二月

本の利用法

松山 巖

本は読むものであり、見るものである。そして愉しむものであるが、狭い部屋に散らかりはじめるといささか厄介である。几帳面な性格ならば整理もできようが、私のように乱雑なタチだと何処にどの本があるのやら判らなくなり、積んである本とは単に眺めるものとなる。まるで流行の現代美術、インスタレーションのように……。本を枕に利用することはよくある。机代りにも座布団代りにすることもある。つい先日、友人と飲んでいて酔ったなと思った瞬間どういう訳か書棚から本を抜きとっては互いの頭の上にバラバラと落とすという遊びを繰り返していた。投げつければ外傷をするから、酔っていても手かげんして抛り合っていたらしい。翌朝、文字通り本の山が出来ていたのには啞然としたが気晴しに皆さんもいかがか。

本を引き出し代りにしていたこともあった。十年以上前、東京の郊外の木賃アパートに暮らしていた時、満足な収納家具をもっていなかったから少々のお金があると手近な処にある本の間に挿むことにしていた。寒い夜だった。その日も遅くまで飲み朦朧としながらタクシーに乗り込んだのだが、途中で財布がほとんど空なのに気づいた。けれど、私は家に戻れば本の間に三、四万円はまだ残っていることを思い出し、安心して寝てしまった。アパートの近くで運転手氏に起こされ、カクカクシカジカであると話して部屋まで金を取りに行った。ところが、どの本の間に札を挿んだのかが判らない。手当たり次第に本の背をつまんでは振るのだが、失敗した手品師の如くハトならぬ一万円札が一枚も出てこない。さらに悪いことに、私は酔っていて次第にどうにでもなれという気分になってくる。本を振っている間に寝てしまったのである。その運転手氏は実に温厚な人であった。部屋の中の乱雑ぶりをひと眼見て状況を理解したらしい。私を起こして翌日、郵送するようにいってくれた。にもかかわらず、私は酔っているので部屋の中にある物を料金の担保として預ってくれなどとつまらぬ主張をしたのである。

いま思えば運転手氏は困ったことであろう。部屋の中に満足なものはない。本はあるが、預る価値があるかどうか、と考えたに違いない。本なんてものは興味のない人にしてみれば、紙の山なのだ。結局彼は私から中古のニコンFを押しつけられ、翌日会う約束をした。恥しかった。翌日、私は頭をかいて料金と少しばかりのお礼を添えてカメラを受けとった。運転手氏は――火にだけは注意しなさいよ――といった。そう、本は燃料にもなるのだ。この利用法はいまだ経験していない。焚書、気持ちいいだろうな。

一九八八年四月

一回の旅に一冊の本

管 洋志

僕は旅が多い、実に多い。スチュワーデス並に外国に出かける。「席が温まらない人」と他人に言われるが、写真家の席が温まっていたのでは、失格である。などといった言訳がましいことを頭の中で描きながら、次の旅の準備をしている。一回の旅は、二週間から一カ月とまちまちだ。このところ東京に戻って、四、五日の滞在で再び出発というときが続いた。我ながら少々ウンザリだった。自分のペースが保てないからである。自分のペースというのは自分が一番大切にしている、食欲、酔欲、娯楽欲といった三大欲が満たされることである。三大欲を犠牲にしなければならなくなった時、当然のようにストレスというものが、どこか自分の体に出てくる。引出しに指をはさんでみたり……。

だが、一旦外国に出てしまったら、そのストレスもどこかへ吹飛んでしまうのである。東京では想像も出来ない程の時間が甦ってくるのである。夕方の撮影を終えてからの、アフターセブンが特にいい。軽いシャワーを終え、ベッドに早くももぐり込む。そして、一日の撮影メモが始まる。酒に酔い気味の頭をゆさぶりながら、感動的ワンショットを悦に入りながら想い出し、三ミリのフェルトペンで、一・三×四センチのファインダー・フルフレームの中に写真を描く。寸評を付けデーターを付け○とか×とか☆とかの印をつけてアフターセブンは佳境に入ってゆくのだ。しめくくりは一冊の本である。僕は一回の旅に一冊の本しか持参しない。同世代の作家の小説や、エッセイ、科学ロマンなど多彩である。

横になりながら、満たされた気分で、ニューサイエンスの世界に転り込む時などは最高。特にライアル・ワトソンは、僕の師とも言える。イマジネーションの中を浮遊している時などは、眠るのがもったいない。明日朝四時三十分の起床が解ってるくせに、止められない。無理矢理目を閉じることもしばしばあった。師に一目逢いたいと思い、手紙を出してしまったら、「東京で逢おう」と気軽な返事が来る、といった劇的な出逢いもあった。一冊の本がとりもつ縁である。

東京の生活がきらいなわけではないが、満たされない時間が多い。

自分の世界が拡がる、三大欲が満たされる旅の方が好きだ。体力が許す限り、カメラと一冊の本を抱えての旅は続く、延々と続く。

一九八八年六月

一を識り十を「観る」

梶川泰司

船乗りたちによって地球が球いと発見されてから球面幾何学がつくられたように、幾何学はいつも「観る」ことによって新しい法則をつくりだしてきた。幾何学は三つの視覚的経験から成り立っている。頂点、辺、面である。

この三つの基本的な経験は誰もが獲得できると信じているにもかかわらず、実際には発見されていない。物理学では、部分がなくそして大きさのない点とか、幅のない線とか、厚みのない完全な面はありえないのである。つまりこの三つの概念は「水」とか「空気」とかわたしたちがつけたさまざまな名詞とは本質的に異なっているのである。現実に存在している「もの」ではなくて経験的想像的な概念なのである。

バックミンスター・フラーの幾何学の偉大さは、その非実体的な想像上の「もの」を視覚化し教えられる「もの」に変換する『シナジェティクス』を発見したことにある。フラーはなぜ『シナジェティクス』の思考すべてを視覚化しようとしたのだろうか。人間の脳は「もの」を「見て」いる時は「もの」は「読め」ないことを彼は熟知していたのだと思う。「もの」を考える時に余計な情報を持たないことは幾何学上の発見の条件かもしれない。フラーの研究所の蔵書は多くはなかった。それは彼が〝読ま〟なかったからである。実際『シナジェティクス』は千頁におよぶ大著であるが、引用文献はほとんどない。フラーは、思考していた。フラーにとって思考の目標は自らの法則の発見を通じて自然を新しく理解することだった。法則は、どんな場合でもそれ一つあれば解決できるという最大かつ最小の情報なのだから。

より多くの知識を集めて法則を発見するよりも、より少ない単純な道具が幾つあれば思考の方法が成り立つのかを考えるほうが人間の脳には適しているようだ。考えることは「読む」ことと共存できないけれど「観る」ということとは仲良くやっていけるのである。

一を聞いて十を識るという言葉があるけれども、発見にとって重要なのは一を識り二に遭遇したときに全体が十しかないことをパッと「観る」ことにある。そうなれば、残りの八の知識は省略してもよい。識らないから飛躍できることを信じれば、識ったふりよりは識らないことを認めていることのほうがはるかに「観る」ことに忠実になれる。

一九八八年九月

読書日録

由良君美

某月某日　高校時代に一度拝見したことがあったきり、その後ついに見ることのなかった『古今吟遊詩人集』を幸運により入手。因縁は長くなるから略すが、当時のO未亡人宅にて、御尊夫の形見として拝見。以来久しく求めながら、ついに何処にもこの本を見ず、いつか不要になり次第、御譲り頂きたいと願い続け、ついに同未亡人の御再婚相手も死去され、それを期に心機一転したく、昔を偲ぶ品々を処分したしと、御譲り下さったもの。一八二七年グラスゴー刊本。躍り上がる心地。実に四十年来のこと。久恋の人を得たとしても、これほどの喜びを感ずることはまずあるまい。古版本の常で、革表紙の綴じが切れ、口絵も別箇所に入っている。適当なクロースがないまま、日本画の表装布を使ってくるむような再装丁。一日半かかり、見違えるようになる。

某月某日　このところ古版本にかんしてついていているらしい。なんと駒場の河野書店で、正体の知れない奴に出会う。『世界創世神聖史』とあり英語、匿名氏の著書でロンドン、一六七〇年刊本。創世記の神学的証明の体裁をとりながら、すでに新科学を知って書いている模様。値段はともかく、これは逃したならば二度と入手できない本と見て、購入。帰りの車中で熱中して読むうちに、これまた革表紙がとれてしまう。家にてまたこれも再製本にとりかかり、夕食を忘れそうになる。同僚の科学史の権威S助教授に照会したところ、その本は自分も知らぬ、いつか読みたしとのこと。ロマン派の宇宙論の語法の理解に意外に良い助けになるのに驚く。

某月某日　出したい本を出したい造本で出すことが至難になり、嘆いているところへ、羽村町の豆本芸術家桑原氏より思わぬ申し出。わたしの書き下ろし豆本を五冊シリーズで出したいという。得たりとばかり応じて五冊の題と希望体裁を返事。第一冊はブレイクの『楽園の門』を一七九三年と一八一八年版の双方を絵と文を原寸大に再現し、全訳と、わたしなりの解釈を付けたもの。造本の困難と、売れないことを理由に久しくどこからも断られてきたもの。限定豆本ならば絶好。桑原氏と会い、この本のみ文庫変形版豆本とし、本体は紫コーネル革、コーネル内域紙には銀揉み和紙、本文は二色刷りにし、用紙は特漉き卵色、天金、薄紫アクリル内《うち》サックに紫四方帙とする。さあ忙しくなるぞ。

一九八八年一〇月

最初の読者

長谷川憲一

〝最初の読者〟になることは、印刷所の営業担当にとって数少い特権の一つである。ハヤカワミステリなどは原稿で一冊そっくり読み終ってから〝特急進行〟と朱書して工場へ廻し、辻褄を合わせたものだ。中井英夫の『虚無への供物』、野尻抱影の『大泥棒紳士館』などもその口である。ドーブルホーファーの『失われた文字の解読』やトムプキンズの『植物の神秘生活』など、二日や三日では読めないものはゲラ刷を一通余分に刷ってゆっくり楽しんで読んだが、そんなうまい話ばかりはない。

一冊そっくり、じっくりと読まされた本がある。戻ってきた初校ゲラは縦横無尽、文字通り真っ赤だった。いや、赤だけでは書ききれないで、青、紫、はては緑まで動員して色とりどり、見事なまでに手が入っている。とても推敲などという代物ではない。著者の性分か編集者の気配りか、使える活字は一本たりとも捨てずに生かすというやり方であるから、その校正の緻密さは類を見ない。直すには活字をステッキにとって組み替えていかなければならない。

いざ差換えをはじめると、差換え担当が翌日から休暇、代りの者にもたせると翌日から風邪で欠勤、別の者に移すと翌日からまたまた欠勤、一向に組み替えがすすまない。納期は刻々と近づく、こう現場から敬遠されたのでは仕方ない、素人の私が組み替えることにした。素人といっても門前の小僧、なんとかなるだろうと植字台に向ったが、なにせ講演速記を文章として読めるように思う存分手を入れているのだから一筋縄では行かない。七顛八倒、赤字を見ては首を傾け、青字を見ては頭をひねり、生みの苦しみとはこんなことか。とにもかくにも三週間後めでたく組み替え完了、ひと月遅れで本が出来た。未熟な〝職人〟が組み替えたこともさることながら、一字一句、なるほど、そうかと感歎しながらでは、時間もかかろうというものである。

出来上った文章は、講演の話し言葉の味を残した文になり間然するところが無いが、内容については組み替えながら読んだせいか、今ひとつ感服するに至らなかった。そのうちゆっくり再読するつもりでいながら八年が過ぎてしまった。

この本、吉本隆明氏の『言葉という思想』はこの一月、第十二刷（新装版第二刷）が重版された。苦労した本が多くの人に読みつがれるのはなんとも嬉しい限りである。

一九八八年一一月

知識の個体発生を追走する

渡辺政隆

ニューヨークのブルックリンにドーム球場を建設するという計画が、一九五五年に立てられたことがある。もちろん、ブルックリン・ドジャースのホーム球場としてである。しかし、その計画は認可されず、それをきっかけにドジャースはニューヨークに見切りをつけた。一九五七年のシーズン終了後に、ロサンゼルスにフランチャイズを移してしまったのだ。そして東京にドーム球場ができた一九八八年、まるでロサンゼルス・ドジャースのファームチームのようなユニホームを着た中日ドラゴンズがセントラル・リーグを制したわけだが、まあ、それはどうでもいい。とにかく一九五七年まで、ヤンキースとドジャースというメイジャーリーグの二つの強豪球団がニューヨークにフランチャイズを置いていた。一九四二年ニューヨーク生まれのスティーヴン・ジェイ・グールド少年が野球少年になったのは自然な成り行きである。彼の神様はジョー・ディマジオだった。

グールドのエッセイには、メイジャーリーグの話題がしばしば挟み込まれる。しかし、ディマジオ級の大選手のことならともかく、あまりビッグではない選手のことや試合の記録を日本で調べるのはなかなかたいへんである。なにしろ、メイジャーリーグの事情通ということだけで食べていける国なのだから。

グールドは博学多識ということで通っている。しかし、そもそも博識とか博学というのは何なのだろう。自分の得意な分野の知識を小出しにしつつ、幅広い分野にわたる断片的な知識をフルに活用しているだけでも、水面下にはまだまだ膨大な知識の蓄えがあるにちがいないと推断されることがあるだろう。この場合に言われる博識とは、関心のありようが広いということの裏返しにほかならない。

　では、グールドの場合はどうだろうか。彼はさるインタビューの中で、あなたは博識だと言われているがとの問いに、自分は仕入れたばかりの知識をそのつどエッセイに盛り込み、そのあとはすっかり忘れてしまうのだと答えている。

　しかしそれはそれとして、著者が仕込んだ仕掛の出所を探ったり、その裏をとったりするのは、翻訳作業の楽しみの一つである。その点で、確かにグールドは多彩な経験をさせてくれる。ディズニー、ハーシー・バー、エッシャー、オペラ、フロスト、シェークスピア、フーコー等々、ぼくは、ビル・ロジャースの自伝まで読まされてしまった。しかしもちろん、博識家の著者を追求する秘訣は学べなかったのだが。

一九八八年一二月

梅園とブロンテ姉妹

木村龍治

国東《くにさき》半島は、中央部の山頂に向って谷筋が放射状に走っている。その一つを分け入っていくと、坂の多い富永村の奥に三浦梅園の旧宅がある。彼は、江戸時代にここに生れ、生涯三度しか旅行しなかったという。しかし、〝少年の頃から宇宙造化（自然現象及び人事百般）に深い疑問を抱き、終生その解明に没頭した（旧宅にある説明板より）〟。その結果、「条理（法則のこと）」と呼ぶ一大哲学大系を樹立し、その思想を「玄語《げんご》」、「贅語《ぜいご》」、「敢語《かんご》」のいわゆる梅園三語に集大成した。日本の西洋化が行われる以前に、普遍的な自然法則についで深く考察したほとんど唯一の哲学者である。私は、彼の旧宅を訪問し、生活環境と名声とのあまりの落差に驚いた。そして、同様の驚きを数年前に感じたことを思い出した。

行き当りばったりのB&B（民宿）に泊りながら、イギリス国内を車で旅行していたときのことである。大ブリテン島の中央部は、ゆるやかな丘の起伏がどこまでも続く。その起伏に沿って、石を積み上げて作った垣根が、ミニチュアの万里の長城のように延びている。そのような風景の中にハワースの村があった。その村の牧師館がブロンテ姉妹の家である。ここから、『ジェーン・エア』や『嵐が丘』が生れた。父の牧師は長生きしたが、母は子供たちが幼少の頃に死んだ。その後を追うように、長女は十一歳、次女は十歳、三女（シャーロット）は三十九歳、長男は三十一歳、四女（エミリー）は三十歳、五女は二十九歳で死んだ。ここでも、荒涼とした生活環境と文学史上の名声との落差に驚いたのである。なぜ、このような場所から、世界的な文学が生れたのであろうか。

それを思うとき、書物の作用を考えないわけにはいかない。紙の上に不思議な記号で記憶された人間の感情や思想は、クローンのように複製されて、それを求める人がいる場所へ地の果まで運ばれていく。梅園やブロンテ姉妹は本の吸収体であった。本と共に移動する著者の精神が目に見えたのであれば、それが富永村やハワースの上で竜巻のように渦巻いていたのが見えたであろう。そのエネルギーは、彼らの大脳の中で形を変え、別の書物となって世界中に放射されたのである。書物にとっては、吸収・放散体としての個人の存在が問題なのであって、人間が都会にいるか農村にいるかなどどうでもよいことなのだ。梅園とブロンテ姉妹は、そのことを私に教えてくれた。

一九八九年三月

本の軽重

山田脩二

恥ずかしい話で恐縮です。

わたしは本をあまり読みません。もっと悪いことに、最後まで全部読み通した本がこれ又、すくないのです。

だけど、不思議にその時の気分で結構買ってしまいます。本屋の棚の前に並んであれこれと立読みするのが好きです。そして、ついついうっかり買ってしまいます。スムーズにパラパラとめくれる本、変にザラック本、ベットリと寄り添ってくる本、色っぽい本、慣れなれしい本、気取ってばっかしの本、安心できる本など……。どうも本質的な内容よりも本全体の気配・雰囲気などの魅力に負けて買って帰るケースも多いようです。

我も我もと目立ちたがる本屋の棚の中でおっとりと座を占めて似合う本が、我が家の棚の中ではいつまでも居心地が悪そうに並んでいる場合も多いです。それは買ったわたしの支離滅裂な頭の中の整理されていない軽い脳ミソの問題なのでしょう。

「軽い」と言えば、わたしの暮らしているこの国には、本も読まない人間はダメで、エラクなくて、オーチャクで、ベンキョーしなくて、コージョーシンがなくて、知識人や文化人からは遠く離れた軽い人だという風潮があります。軽くても結構なのですが、文化人や知識人と言われる人たちの座談会についつい顔を並べていると、読書量が少ないと妙に卑屈な気分になったりします。

それにしても本は重たいです。

わたしはこの三十年余りの間に大がかりな引越しを十回繰り返しました。次に移り住む新しいスペースへの楽しみとは反対に、なんといってもしんどいのは、読みもしなかった本を整理して箱につめたりヒモで縛りつける作業と、その本たちの重量の重さにうんざりします。もっと気が重くなるのは、引越した、前より広く明るいはずの部屋の中は無造作に山積された本の中で、こんなモノがなかったら……とタメ息ばかりです。それでも気分をとり直して片付け始めるのですが、全部読み切っていない本のなんと多いことかと反省しながらほんの軽い気持でページをめくり、気がつけば深夜、裸電球の下での侘しい読書会になったりします。そんな日々が引越の後、繰返され、埃にまみれてゴホン・ゴホンと咳にやられて、御本ときたら龍角散。

貴重な本のことを軽い重いという恥ずかし本音の話で、本当に恐縮でした。

一九八九年四月

「本」がとりもつ縁

池内　紀

友人に編集者がいる。装丁家がいる。こちらはモノ書きのはしくれ。いうまでもなく本がとりもつ縁である。間《ま》の悪いことになぜか気が合って、おそろしく仲がいい。

なぜ間が悪いのか。

こちらが朝型、編集者は昼型、装丁家は夜型ときている。一日の時間帯によって元気さの度合いがちがう。午前中に会おうものなら私は元気溌剌、編集者はまだ意識が正常でないのか、トンチンカンなことを言う。装丁家は死んだ魚のような目つきで、ひたすらアクビを連発する。

ところが夕方ともなると、アクビの先生の目がランランと輝きだし、トンチンカンだった男が知性の権化のような冴えをみせるのに対して、こちらはのべつアクビを噛み殺し、夜九時の声を聞くか聞かないかで、安らかな眠りへところげこむ。

それぐらいならまだいい。

気の合ったどうしで、全員が温泉好きときている。月に一度はさそいあって出かけていく。いや、出かけたいのだが、日程を決めるのが大問題だ。月の初めは編集者が原稿あつめに走りまわっている。月の半ばは装丁家が徹夜づくめ。月末はモノ書きが締め切りに追われている。そんななかでそろって出かけるとなると、誰かひとりが泣かねばならぬ。泣く泣く悪条件を一手に引き受けて忍ばなくてはならない。三人のうちの誰が泣くか。

言わずと知れたこと、モノ書きが泣く。彼はとにかくペン一本あれば仕事になるのだ。この点、相手のある編集者や、こまごまとした小道具のいる装丁家とくらべていちじるしく不利である。日程はいつもきまって月末。となると先に仕事をすませておけばいいようなものだが、もって生まれた性分で、お尻に火がつかないと動きださない。そんなさなかの遠出なのだ。

つい先だっても二泊三日で奈良県は吉野川上流の秘湯を訪ねた。何度となくお湯に入り、ビールを飲む、土地のお酒をたっぷりといただいた。早寝早起のモノ書きが死にもの狂いでガンバって、十二時すぎに前後不覚。ふと目をさましたら、明け方に床についたらしい二人が高イビキをかいている。原稿用紙とペンをふところに玄関まで忍んでいって、朝の冷気にふるえながら、あり合わせのテーブルで仕事をした。たてつづけのクシャミが出た。水バナが垂れてくる。朝十時すぎ、なんとか一つ書きあげたころ、相棒どもが悠然とやってきた。

「おや、お仕事？　これはこれは——」

ドテラの肩にタオルをひっかけて湯殿に向かった。

なんとニクらしい二人だろう！

一九八九年五月

本気の怖さ

鎌田東二

じつは僕はあまり本が好きではない。本が人間知性を開顕する以上に、それを閉鎖し固定化する役割を負うているとしばしば思えるからだ。ソクラテスやプラトンの言ったように、書かれたものはカスである、と僕も思う。

がしかし、日に日に僕の周囲に本は増殖しつづけ、人々と空間を侵略し占領しつづけている。こうして、本漬けの人間と空間が日々増える。この本漬けの人間と空間は、漬物がそうであるように、ある独特の臭いを放っている。風や水が止まったような臭い、というか。〝気〟の流れがはなはだ悪くなっているのである。そこでは本は〝気〟の流れを止め、生命力を弱める薬理効果を発揮している。そうなると、いくら本を読んでも〝本気〟になることも〝元気〟になることもない。本当に心身の〝カス漬け〟ができあがるばかりである。とはいえ物事には必ず陰陽裏表があるもので、〝気〟の流れをよくし、生命力を強める本があるのである。まことに有難いことに、〝本気〟になり、〝元気〟にしてくれる本があるのだ。そうした本は手にとると、ある熱気とヴァイブレーションを発している。それは世界書物と接続している。この本のオーラをどう見分けることができるか。じつはこれが読書の極意になる。自分の今の〝気〟に必要な〝本（の）気〟をどう取り入れるか。その見分けとタイミングが難しい。そこがうまくいかないと〝漬物〟になってしまう。ほとんどオカルトである。本との出会いというのは、人との出会いと同じで、その出会いがうまくいくと、〝身〟も〝心〟も〝気〟も変わる。有難くも怖ろしいことだ。

実をいうと、僕は本屋や図書館に入るとムラムラしてくる癖がある。なぜかすごく性欲をかきたてられるのだ。その理由が長いことわからなかったが、あるとき、それは〝本（の）気〟が僕に接触してくるためとわかった。本たちは色とりどりのオーラを放ちながら、僕たちに色目を使って何ごとかを発信している。その声とどういう関係をとり結ぶか、その〝気〟を受けて、それをどのように〝知《チ》＝血《チ》＝霊《チ》＝地《チ》〟の中に流し込むか。あだや本をおろそかにすべきではなかろう。一冊の本の運命は、人の運命と同じで、ほとんどオカルト、なのである。

一九八九年七月

過剰な身体に読ませるもの

藤原惠洋

「熊本」という故郷の響きは草深い。阿蘇山をすぐ見上げた南郷谷の村が昔のぼくの本籍。同郷の徳冨蘆花『思出の記』には主人公に「僕の揺りかご」と言わせる盆地が冒頭に登場する。実際の細君の故郷を丁寧にロケハンしたもので、その地・菊池の光景に明治も昭和戦後も変わりはない。阿蘇から降りたこの村で、ぼくは物心を育て、巨漢をもてあまし部落対抗相撲のヒーローを演じていた。

あたりに本屋は一軒もなく、町の本屋が月に一度登場した。単車の茶色の箱には『学習』や『科学』、『少年』や『ぼくら』の漫画本まで満載されていた。四月には国語辞典や参考書も加わり、廊下でささやかな店が開かれる。子供たちはわけもなく興奮した。

ぼくは魅力的な付録の『科学』だった。読むより見る。見るより作る。そして、夏休みが終わると「読書感想文」の季節。しかし定期的に届く月刊誌以外に本を読む習慣はなく、感想文は苦痛だった。家にも書物を揃える高邁な趣味などない。本屋も知らず読書もしない。後に町の高校の図書室を知るまで、田圃や畑を駆ける生活が続いた。たとえばアンデルセンの絵本や日本文学全集、知識の基盤を養う「当たり前」の書物をぼくは見事に迂回しながら、身体と感性の行ったり来たりだけで、物心を育てていた気がする。

ようやく訪れた天啓、高校の薄暗い図書室で偶然見つけた岩波の『寺田寅彦全集』全十六冊。これが本格的な書物との最初の出会いとなった。教養や受験のための図書をすっとばし、突然やってきた寅彦ワールド。ここから自分なりに科学も文学も好きになり、明治や大正の知性、そして時代背景そのものにも憧れていった。

読書が趣味です、いつかはこう言ってみたいと思った。遅れてきた知性への憧れ。思春期があるのなら思知期とやらがあってもおかしくはない。視野が広がれば世界も広がる。ただひたすら知性に憧れた。が、この巨漢に知性など容易に宿りはしない。遠巻きにしてきた書物の世界から過剰な身体が逆襲されるのは当然であった。

ようやく気づく。身体と知性の均衡なぞ鼻から自分には無理だったのだと。ならばエィっと逆転の発想。この身体を用いて獲得できる知性はないか。フィールドを駆け巡りながら建築や都市を掌にのせていく「都市探検」や「建築探偵」そして「路上観察」の狩猟的野外研究。良き先輩に恵まれて寅彦以来の天啓が訪れた。土俵際に岩波文庫、といった力士の姿も素敵かなと思ったけれど建築や都市を「読む」こともなかなか愉しい趣味にちがいない、と今思う。

一九八九年九月

読者・評者・著者

森 毅

このところ、やたらと本を読んでいる。月に五十冊ぐらい、ほとんど活字中毒。

どうしてそんなに読めるか、と聞かれることがあるが、そのコツは、どんどん忘れることである。人間の頭脳というものは、インプットだけでなく、アウトプットの機能が重要なのだ。なんでも記憶しようとしていると、配線がオーバーヒートする。あるいは消化管、排泄の機能が悪いと便秘する。体調によって吸収しただけ、ちゃんと頭の栄養になっているはず。快食快便読書術。

こんな中毒になっているのは、朝日新聞の書評委員をしているゆえでもあるが、読んでよかったと思うのは十冊のうち一冊ぐらい。考えてみれば、若いときに映画中毒や芝居中毒であったころも、見てよかったと思うのは十本に一本ぐらいだった。読む本をなんでも役に立てようなんて思っていたら、本なんか読めない。そしてムダな九冊がなくっちゃ、本に接したと言えない。

書評をやっていると、いくらか本の読み方が変わる。べつに、評価をしているのではない。もともと書評といっても、本を評価したりする気はない。よい映画やよい芝居を見ると、人に話したくなる。本だって同じことだ。

しかし、いちおうは活字になるのだから、本の紹介やら読んだ感想やら、それに書評の読者へのサービスも心がけねばならぬ。それを千字で、というのはけっこうつらい。うまく行くのは、うまい補助線のみつかったときだ。著者と読者の間に評者が介入して、うまい補助線を引き、この構図で見ると風景が変わるよ、とサービスする。

それで、書評に関係なく本を読んでいるときも、この本を書評するとしたら、どんな切り口で、どこをポイントに、などと考えながら補助線を探している。そして、それだけで本の内容のほうは、忘れてしまったりする。書店の店員や図書館の司書ではないのだから、それで十分、こんなに読んでいたら、なにを読んだかも記憶しておれない。そのほうが頭脳の消化によいようだ。

そして自分で本を書くときも、読者はその程度に読んでくれるだろうと、期待するようになってしまった。著者のぼくの名を忘れてしまっても、ぼくの本を読んだときの断片がどこかに吸収されていれば満足。情報化社会のネットワークのなかに、それが飲みこまれていくというのは、ちょっとしたコスミックな快楽でもある。

一九八九年一〇月

古典の条件

根本順吉

地球科学の諸分野の英語名の語尾は①グラフィ（-graphy）②ロジィ（-logy）および③ノミィ（-nomy）の三つである。①の代表は何といっても地理学（geography）で、この他、海洋学はoceanographyである。私の専攻する気象学は②のmeteorologyであり、地質学はgeologyである。③の代表は天文学（astronomy）であり、気象学の中でも自由大気中の物理的過程を特に重視して論ずる場合はaeronomyとよばれている。

地理学のように対象が複雑な場合は、学の内容は記述が主になるのであり、グラフィというのはそのような意味である。ロジイはロゴス（logos）に由来するが、現象の構造を明らかにすることが、学問の主流となる場合に、この語尾がつく。ノミイはノモス（nomos）に由来し、法則によって対象が解明される場合が、この形をとる。天文学の法則は万有引力の法則であることは明らかであろう。

理科系の学問では、どうしても読まねばならぬ古典は文科系にくらべると大へん少ないが、その少ない古典で現在も味読にたえうるものは、私には①、②、③の三つを兼ねそなえたものではないかと思われる。本のボリウムをコンパクトにし、学問の精髄を早く知りたい人は③だけ書かれたもので満足するほかないが、具体的な対象から、学問がにつめられていく過程をたどるためには①、②も欠かすことができない。

たとえばマックスウェルの〝物と運動〟（1876）は平易な力学の入門書だが、所々に力学の歴史なども入っていて、①、②の面も含まれており、今読んでもなかなか面白い古典的テクストである。私の恩師・岡田武松先生の書かれた『気象学』（1927）は枕本《マクラボン》といわれ、千ページをこす大冊だが、それこそ当時の気象学のことなら何でも書いてあるといった本で、学問の性質からも①、②の面が多分に含まれており、まるで辞典のように今でも座右において色あせない。

私は決して蔵書家ではないが、興味のおもむくまま、問題意識がきまったら、それについてかなり徹底して文献をあつめるのが私の方針である。そうしているうち、おのずから、その問題についての私の古典的文献の山に集積してゆく。だから、その蔵書は誰もが利用できるような図書館の本とは、おのずから違っているのである。他人の問題意識で、私の書架から何か探し出そうとしても、そこには全くといってよいほど、何もみつからないであろう。しかしほとんど無限に近い諸分野の文献を、私という個人がこなすためのこれは知恵である。

一九八九年一一月

書物こそ吾がグル

松田隆智

父は官吏、叔父叔母は教育者という家庭の中に、一人だけ間違って生まれてきてしまったような自分であるが、そんな家庭環境の中で育ったため、幼少の頃から書物に囲まれていた。

勉強部屋に使わせてもらっていた叔父の書斎には、心理学者であるが多芸多才の叔父であったため、その書棚には心理学、音楽、医学に関する書から、詩集、剣豪小説に到るまで、ありとあらゆる書が置かれていた。

それらの書物は、学校の教科書に比較して何と面白かったことか。大人の本を読み、黒人音楽を聞く、昭和二十年代の小学生としては、自分は変わった存在だった。

長年月にわたり、武術による身体的修行をつづけてきた自分は、他分野の人の語られる体験談に学ぶことが多かった。武術家を志す者が一万冊の武術書を読んでも、決して達人になることが不可能であるごとく、万巻の書に通じるのみで体験のない人が語るものには、往々にして真理から離れていて、他人の言葉を並べているだけのことがある。

〝行〟による実証のない人の語るものは〝知〟であっても〝真智〟ではない。自分の思う〝真智〟とは、人々の霊性を開発して高次に導き、大いなる愛に覚醒させるものである。

インドの諺に「グルは、その人が必要な段階に到った時、眼の前に現われる」とあるが、その人とは末世と言われている現代の、全人類にもあてはまる。アカシック・レコードにチャネリングして、聖人先哲の霊智を現代人に語ってくれるものこそが「必要な段階に到った」今、眼の前に現われたグルである。

武術で多種多様の技《わざ》を学ぶのは、それを体得することにあるのでなく、多くの技の中から「一《いち》なる根本真理」を悟ることであるように、多くの書を読むことも「絶対なる一（大いなる愛）」を知るためではないか。曲がりなりにも現在の自分があるのは、書物によって導かれ、書物によって励まされ、書物によって軌道修正されてきたからであり、正に書物はグルそのものであった。

一九八九年一二月

本を盗んだ少年

加藤幸子

とても貧しい時代であった。

私たちは湾の一方をふさぐ半島の町に住んでいた。いわゆるヤトと呼ばれる、谷に沿って細長くのびた地形に発達した町である。谷の入り口近くが町の繁華街で、私たちの住居はかなり奥まった山際にあり、後方は段々畑になっていた。

その借家は、町ではお寺に匹敵するほど古くて大きかった。ふつうの家に、教室が二間もくっついていたからだ。けれど子供が減る一方のその町では学習塾は成りたたず、教室は閉鎖されていた。私はそのがらんとした教室で、近所の小学生数人に細々と勉強を教えた。隣室で赤ん坊が泣きだすと、ちょっと立って様子を見にいったりした。

私の生徒以外にも、ときどき子供たちが遊びにきた。一人で来る勇気がなくて、たいていは数人でドヤドヤと固まって来た。皆のめあては、よそ者の私たちの生活をのぞくことと、家具の代りに積んである書物の山から、子供向きの本を引っぱりだすことだった。

私は「図書館じゃないから貸すのはだめだけれど、ここで読むのならいいわ」と言った。

皆おとなしく、教室の床に座って読んでいた。赤ん坊は嬉しそうにそのあいだを這い回った。私はたまにお菓子などの大盤振舞いをした。子供の中に目の色が薄く、肌が白く、髪が茶色の混血の男の子がいた。この町が編入されている市には、戦後から米軍の有名な基地がある。

その男の子はとても美しかった。私の彼に対する態度には、美しさに対するものが微妙に含まれていたかもしれない。ほかの子供たちが飽きて来なくなっても、彼は一人で遊びにきた。コトッと音がするので、行ってみると黙って教室に上がりこんでいる。そのうちになれなれしく、居室にも入ってきて私を当惑させた。

「おばちゃん、これほしいなあ……」

台所や机の上に出しておいた小銭が、彼が来るたびに姿を消した。私は厳重な警戒を怠らぬようにした。たぶん来る意味がなくなったのであろう。プツンとひもが切れるように、男の子は来なくなった。

一年後、その家から引っ越すことになり、本を束ねていると、井伏鱒二訳の〝ドリトル先生〟全十二巻が九巻しかなかった。「ほしいなあ」と彼がねだった本だった。その後の有為転変にもかかわらず、九冊の〝ドリトル先生〟はくたびれながら健在で、なぜか残りの三冊を私は買い足すことができないでいる。

一九九〇年一月

海外旅行には、いかような本がよいのか？

夢枕 獏

海外へ出掛けてゆく時に、どのような本を持ってゆくか、というのは、かなり重要なテーマである。

海外といっても、宿泊は、ホテルで寝るだけでなく、ぼくの場合はテントで寝るというケースが少なからずある。寝袋に入って、ヘッドランプの灯りで本を読むことがかなりあるのである。

ほとんどの人がそうであろうと思うが、ぼくは文庫本を主体に、持ってゆく本を選ぶ。

たとえば、二十日間海外へ出ることになり、そのうちの二週間——十四日間は山か河原でのテント暮しということになると、本は十冊は必要になる。海外で最悪の事件というのは、ぼくの場合はパスポートを失くすことでも、金を盗まれることでもない。読む活字が失くなってしまうことである。

たいての場合、ぼくは読む活字が、旅の最後には失くなってしまう。

何年も前にヒマラヤへ行った時などは、雪のベースキャンプに閉じ込められて、たちまち読む本が失くなった。その時は、最後に残った『今昔物語』を、毎日、三話ずつぐらいにおさえて、ちびちびと舐めるように読んだのであった。

だから、最近は、日本にいたら絶対読まないような本を、必ず、持ってゆく本の中に一冊か二冊まぎれ込ませておく。

日本の古典であるとか、科学書とか、やたらとむずかしそうなオカルト関係の本などがちょうどよい。

気の効いたミステリが一冊。

その時、読みかけであった本が一冊。

時代劇を二冊。

ＳＦが二冊。

宮沢賢治の詩集が一冊。

日本の古典が一冊。

宇宙および進化についての本を一冊。

友人がすすめてくれた本が一冊。

これで、なんとか二十日分ということになる。本などは、一日一冊読んでしまうよ、おれなら一日一冊くらいがいいなという方よ、本は実におもたく、文庫本といえど、二十冊は、持ってゆけないのだ。


日本の古典をまぎれ込ませたのは、活字に飢えている状況であれば、このような、いつも読まぬような本も読むであろうという、そのような効果を期待してのことなのである。

一九九〇年二月

本のおかげ

養老孟司

本を読んでおぼえられるのは、どういうことか。私はスキーの本も、ボーリングの本も、解剖の本も読んだ。しかし、そのどれも、本のおかげで、実地にうまくなったとは思わない。当り前であろう。早い話が、「畳の上の水練」に過ぎないからである。

人生の本もたくさんある。しかし、本にしたがって生きるわけに行かないことは、だれでも知っている。その例外は、聖書かもしれない。聖書のとおり、まったくそれにしたがって生きるという人たちが、アメリカにいると聞いたことがある。それでも、人により、世代によって、聖書の解釈が少しずつ違ってきてしまうであろう。

まるで聖書そのまま、というわけにはいくまい。それを、聖書そのままだと主張するのは、本人たちがそう思っているだけのことであろう。

わが国でも、人生の本としては、『論語』が有名である。いまの人はあまり読まないであろうが、私はときどき中身を思い出す。この本がおよそ人生の参考にならない点と言えば、女について、なにも書いてないことである。私の家族は、母親、妻、娘で、飼い猫は雌だから、論語を見るとなんだか腹が立つ。人生の重大事に触れていないのは、けしからんではないか。修身斉家治国平天下というが、その二番目、つまり家を治めるというのに、女が関係ないわけがないだろう。

やはり本には、時により場合によって、向き不向きがあるらしい。必要なときに間違った本を読んでも、なにもならない。ただ、五十歳を越えて、思うことがある。本のジャンルや内容を問わなければ、自分の年令に近い人が書いた本が、あんがい気が合う本だということである。考えてみれば当り前だが、誰だって、子供から始まり、青春期を過ぎて、成人から中年、老人となる。それぞれの時期に合った本と言えば、それぞれの年代の著者が書いた本であろう。そう思うと、児童書というのがむずかしいこと、よい児童書は、大人が読んで面白いものであること、それがなぜかが、なんとなくわかる。子供は本を書かないから、当り前であろう。

本を読んでおぼえられることは、たかだか本を書くことではないか。そう思って本を書くのだが、これがなかなか容易ではない。いっこうに書き上がらない。結局、本のおかげはなんなのか、いまでもよくわからない。

一九九〇年三月

書物と読者

八杉龍一

かれこれ二五年も前になる。戦後に建てた家にいささかの増築をしたとき、来てくれた大工さんの中に、鉄道の時刻表を見るのが何より楽しみという人がいた。無愛想ではないが無口な若い人で、かれ自身がとくに旅行家なのではなかった。そのことを聞いた最初には奇異な感じを受けたが、やがてその気持ちが分るように思われてきた。私の想像なのだが、その人は自分の空想の世界で日本中を旅しているにちがいない。そして日本全体のイメージが、時刻表にのっている路線や地名や、時間で測られる距離や、そのほかいろんな記事をもとに、作られていくのであろう。

四半世紀の間に、陸や空の旅の様子が、まったくといってよいほど変ってしまった。だが現在でも、その大工さんと本質は同じ気持ちにひたることは可能なのだと思う。実際に私自身も、はじめは必要のために時刻表の頁を繰りながら、いつのまにか旅の空想に遊んでしまうことがある。鉄道の時刻表は、ただ生活や事業のための情報の正確さ、詳細さ、鮮明さを主旨として成り立っているものだが、それが思わぬ想像力や興味をかきたてる場合があるということは、私にとって感動的であった。

ところで、そのことをまた深く考えてみると、時刻表を作成した人はごく事務的にその仕事をしたのであっても、時刻表というものの底にはやはり旅の人間的要素が流れているのだということに、思いあたる。たまたまその流れに身をひたす人が現れる、ということであろう。

時刻表などというものは、いわば中性的な書物である。ふだん私たちが読みまた書く多数の書物は個性的であろうとする著作であり、それとしてみずから人々の心に訴えようとする。だが、そうした書物でも、歴史を背景とした現代という状況のもとで、自分では気づかぬ受取られ方が読者によってなされている場合がある。

もちろん誤解のこともあるし、いろいろだが、何かの機会に知った読者の受取り方が、著者の思想を包み揺さぶる環境の反映を示すものであることも多い。そのような場合、書物は著者と読者を包括して成り立つという、当然だが重要な関係を、改めて感じさせられることになる。

一九九〇年五月

ほんのおはなし

矢川澄子

ポターの袖珍本のなかに「ずるいねこのおはなし」というのがあります。ねこは少々苦手なので、ここではひとつ「ずるい本のおはなし」でもおきかせしようかと思います。ほんのささやかな本のおはなしです。

それも袖珍本かって？　さあ、どうでしょう。わたしもべつに手にとって見たわけではありません。なぜ見たことがないかって？　なぜって……なぜって、まだ現実に存在しない本だからです。この世にもあの世にもない、ただ著者の意中にしか存在しない、もしくは存在しなかった本のおはなしです。

そんなのずるいって？　そうです、そこが申し上げたかったのです。「ずるい本のおはなし」ではなくていっそ「ずるい著者のおはなし」とでも言い直した方が正確かもしれませんが。

ずるい著者というのも、考えてみればあたっていません。書かれなかった本の著者なんて、そもそも存在するわけがない。著者とはもともと著《あらわ》すひとで、書き著わさないかぎり本はもちろん、著作者だって現実にはいるはずがないでしょう。

まてよ、透明人間なら？　ふとそんな考えがうかびました。いるはずのないこの著者はひょっとしてその類なのかもしれません。だから、ほら、現実にいま、もしかしてそいつはあなたとおなじ部屋で、あなたとおなじ机にむかい、透明な手で透明な紙に何事かを書き綴っているところかもしれない。それはほかでもない、あなたが現実にいちばん書き著わしたがってる本、そんな一冊さえ書けたら死んでもいいとまで思いつめながら、教養だか世間体だか力倆不足だかに災いされていまひとつそこまで到達できないでいる幻の本、最後のぎりぎりのその一冊なのだ。

なぜあなたには書けないことがそいつには書けるのか。そのわけもおのずと明らかでしょう。そうです、透明人間なればこそ書けるのです。現実に存在しない本なればこそ、なりふりかまわず何でもぶちまけられるのです。

ずるいですね、そんなの。ほんとにずるい本だと思いませんか。ずるい著者の、ずるいやりかた……かといってこちらだって、こうした本の存在可能性をネタにこの場の責をふさごうなんて、さもしくずるい根性と全く無縁だなどとはとてもいえた義理ではなし……

おや、ほんのおはなしのつもりがそろそろ本当の話めいてきたようなので、この辺でやめましょう。とんだお慰みでございました。ハイ。

一九九〇年六月

フランス人の進化論嫌い

富山太佳夫

ダーウィン、マルクス、フロイトと十九世紀の巨人を三人ならべてみると、一番魅力に欠けるのがダーウィンということになりそうである。科学史家にとってはともかく、一般の人々の印象では、ダーウィンは進化論という今や自明の遺産を残して舞台を降りてしまった人ということになるだろう。ところが実際に彼の書き残した著作に目を通してみると、面白いことが次々にでてくるのだ。

たとえば『種の起源』の中で、彼は、種の起源は分らないと言いきる。この言葉はどこまで真面目に受けとればいいのだろうか。彼には『人間と動物における感情表現』という本もある。この本は精神医学史の中に登場することがあるが、それは狂気の人々の感情表現のメカニズムがあつかわれているからである。理性によって感情の直截な表現を妨げられないものということで、動物、未開民族、子ども、狂気の人々とならぶわけである。考えようによっては、西欧の理性中心主義によって排除されざるを得ないものがここにずらりと列挙されているとも言えるだろう。

十九世紀にダーウィンの進化論を認めるのを最後までこばみ続けたのはフランスであるが、現代のフランスの思想家に目を向けてみても、進化論嫌いは無反省的な前提になっているように思われる。

『創造的進化』というベルグソンの本が異色のものとしてあつかわれる所以である。もしこの本がアメリカ人の手になるものであったなら、あるいは国民的な福音書ということになっていたかもしれない。デューイの考え方の中には目標点(つまり弁証法的統一)抜きの進化論が認められると、リチャード・ローティがあるエッセイの中で書いていたのが想起される。エピステーメーの断絶をいい、系譜学的方法をいったフーコーは、もちろん最初からダーウィンの進化論説など論ずる必要を認めなかっただろう。おそらくわずかな関心も抱かなかったであろう。にもかかわらず、私は『種の起源』を読むフーコーを想像しないではいられない。

ダーウィンがそこで取り組んでいたのは、まず種と種の断絶を認めたうえでそれらをつなぐ論理を探すという作業であった。そこにあるのは断絶と連続の関係をめぐる思弁である。それはフーコーにとって決して無関心でいられる問題ではなかったはずであるのだが、『言葉と物』で言及されるダーウィンは、残念ながら、一般の人々のもつダーウィン像と大差があるとは思えない。

一九九〇年七月

超能力と書物

林　一

書物の読み方はいろいろある。読んだものを片端から憶えている人がいる。尊敬する数学史家M氏は数百冊のミステリーを読破し、その概要を次から次へと解説してくれる。私は感歎しながら、ひそかに思う。私流のミステリーの楽しみ方もあるのだ、と。これはこれで能力を要する。しかも天賦の能力であるから読者にお教えしようもないのだが、出し惜しみをしていると思われるのも何だから、公表しよう。

それは、きれいさっぱり忘れてしまうことなのである。M氏は数百冊の書物を一回ずつ楽しんだが、私は数冊の本を百回ずつ楽しむことができる。書物の読み方のひとつに、行間を読むということがあるらしい。私も翻訳の際に原書にない内容を読み取ってしまうことがあるが、これは何らかの能力によるものではないので自慢にならない。行間を読む能力は私などから見れば、まさしく超能力である。しかし、人間の能力は開発次第では想像を絶する高みに達するようだ。行間を読むなんて生やさしいものではない。眼光紙背に文字通り徹する。最近、出版を営む友人のY氏が中国旅行をし、気功師と会談した折、なにか本を持っていれば、透視術を実演してみせようと言われ、日本から大事に持っていった自社の最新刊書をカバンの中から取り出して試したところ、なんと、何ページの中ごろにこんな字があると透視されて、すっかり驚嘆し、帰ってくるなり、やはり超能力は存在すると私にいうので、なに、どうせこんなカラクリだろうと解説したところ、Y氏はむきになって、近いうちに私と対決させるといいだした。先方で断わるさ、といってやったが、さて、どうなることやら。

物質が精神を生みだすのなら、精神も物質を生みだす。こういう考え方があっても一向に差支えないのだが、中国のイデオロギー界の長老にこれが唯物弁証法の新段階だと保証されると面喰う。中国では超能力批判はタブーらしい。

そんな中で真向から超能力ブームを批判したほとんど唯一の書物が、前社会科院副院長于光遠の『評所謂人体特異功能』(1986)である。于氏もマルクス主義の古典に依拠しているが、どうやら行間を読む能力を欠いていたせいで、マルクスを転倒させる深読みができなかったらしい。私は于氏を読みつつ、行間を読む超能力のない者どうしの親しみを覚えたのだった。

一九九〇年八月

寄贈本のこと

三浦清宏

私のところには寄贈本がいろいろと来る。一週平均二、三冊というところだろうか。私のように二、三年前にやっと作家として認められた人間のところにもそのぐらい来るのだから、世に知られた作家のところには数え切れないほど来るのではないだろうか。一律には言えないまでも、読んでもらいたいから送るのが大部分だろうし、たぶんダメだろうとは思っても、ひょっとしたらという気持はどこかにあるだろう。受け取る方にしてみれば、友人や知人の書いたものや、何かの理由で関心を持ったものは読もうとするが、それ以外は礼状さえも出さない場合が多いのではないか。作家のT氏は必ず礼状を出すということを聞いたことがあるが、文面がみな同じだという話もある。ちょっと大袈裟に伝えられているのかもしれない。私もまだ今のところは、もらった本には何とか全部礼状を出すことが出来る。いつも沢山の葉書を用意しておくのだが、どんどん無くなってゆく。出来れば本に眼を通してから書きたい気はいつもあるが、とても無理なので、とりあえず礼状を出す。しかし中には手紙が挟んであって、これこれの理由で送りましたと書いてある。たとえば、ぼくの小説が好きだからとか書いてあると、こちらも眼を通さないと悪い気になる。或る時そうやって読んでみたら、よく書けているのに感心して、最後まで読み、たまたま或る文学賞の推薦依頼が来たので、推薦したことがある。

未知の人から本を送って来る場合、どうして送って来たのだろうかと興味を持つのは、自然の成り行きだと思う。知らない人から理由もわからず贈り物をもらうようなものだからだ。だいたい理由は推察するが、ただいきなり本(とくに自分の作品)を送ってこられると、極端に言えば、何かの暴力に直面した感じがしないわけでもない。先日、ある女性が作品集を書店経由で送って来た。ただぼくの名前を送本リストに加えただけかもしれないのに、礼状を出す必要があるのかどうか考えたが、ぼくの作品に好意を持ってのことかもしれないとも思い、礼状を出すことにした。しかしいざ出すとなると、ただ当り触りのないことは言いたくない。それで最初のタイトルストーリーを読んでみた。書き出しの客観的な文体が最後まで壁になって、作者が人物の中に入って行ってないので、そう書いて送った。作者は何冊か出している人で、そう言われて面くらったかもしれない。ぼくなら、そう言ってくれたことに対して礼状を出すが、まだ何とも言って来ない。自分の作品を作家に送る場合、何か言われることは十分覚悟の上で送るべきだろう。もっとも「何か言われる」ことなどあったら、たいへんなモウケもののはずなのだが。

一九九〇年九月

「謝辞」や「献辞」について

垂水雄二

文庫本ならともかく数千円の本ともなれば、衝動買いするにしても、ある程度は中身の見当をつけてからでなければ手が出ない。一番手っ取り早いのは、〈まえがき〉ないし〈あとがき〉を読むことで、これでおおよそのところは判断がつく。実際、新聞や週刊誌の書評などで、〈あとがき〉と帯の文句を適当につなぎあわせただけという代物にも時々お目にかかるほどだ。ちゃんとした〈あとがき〉が書かれていなければ、本体のほうも知れていようし、翻訳書なら手を出さないほうが無難というものだ。

しかし、〈まえがき〉〈あとがき〉は、中身の見当をつけるというだけでなく、著者や翻訳者の人間関係を窺い知るという野次馬的な楽しみかたもできる。謝辞や献辞だって面白い。洋書の謝辞には、意見を聞かせてもらった同僚はもとより、図書館の司書や清書をした秘書まで、やたらいっぱい人名があがっているのが常で、翻訳などすると、どこの国の人間かわからず表記に頭を悩ますだけでちっとも面白くなく、げんなりさせられることが多い。けれども、デズモンド・モリスの『裸のサル』の謝辞リストにライアル・ワトソンの名を見つけて、あらためて彼がモリスの弟子だったことを思い出したりするのも悪くはない。

献辞といえば、外国の本の場合、たいていは最初の中扉あたりに、両親、妻、子供、友人などに宛てて、「愛する……へ」といった言葉が書かれている。割合簡単に離婚をするくせに、愛する妻へなどと活字に残してあとで後悔するのではないかと、つい余計な心配をしたくなったりもする。

師や敬愛する先達に献じているものも少なくない。ハイデガーが『存在と時間』をフッサールに捧げたり、レイチェル・カーソンが『沈黙の春』をシュヴァイツァーに捧げているなどはその典型である。マルクスが『資本論』の第二巻をダーウィンに捧げたいと申し入れたが断られたという話は、かなり流布しているが、これは誤りである。献辞をつけたいと申し入れたのはマルクス本人ではなく、次女の婿であり、本も『資本論』ではなく、その娘婿の本であったことが、近年(1977)明らかになっている。

最近のもので気になっているのは、荒俣宏さんのライフワーク『世界大博物図鑑』の献辞で、第一回配本の『鳥類編』にはなかったが、第二回の『哺乳類編』は澁澤龍彦氏、第三回の『魚類編』は手塚治虫氏、第四回の『両生・爬虫類編』は上野益三氏に献じられている。お三方とも、当該の巻の刊行の直前に亡くなられたのだが、この大博物図鑑の広がりを体現するまことにふさわしい人々で、巡り合せの不思議に感心するほかない。それだけに、最後の『蟲類編』が誰に献じられるか大いに関心のあるところなのだが、それを口にするのは不謹慎というものだろう。

一九九〇年一〇月

パリの本屋歩き

宮下志朗

ほんの半月足らずだが、パリで羽をのばしてきた。パリは、本好きの者にとってはあいかわらず魅力的な町だ。カルチェ・ラタンを中心に何百軒もの本屋が並んでいる。小さな店がずいぶん多いのだが、いずれも専門分野を持っているから強い。さまざまの人種の坩堝であるパリでは、さまざまの文化が交錯しており、本屋はそうした個々の文化的欲求に応えている。たとえばポーランド専門の本屋に行けば、ポーランドの新聞・雑誌はもとより、ポーランド語の原書、そしてそのフランス語訳まで揃えてある。本国では出版できない本も、こうした書店から出されていたのである。本屋を見るだけでも、パリがいかにコスモポリタンな都会であるかがよく分かる。

新刊と古本が隣り合わせなのも、わが国とはちがう。新刊の真横に同じタイトルで少し汚れた本が安く並んでいるのだ。たいていは目印シールかなんかが貼ってある。それにあっちの出版社は書店も兼ねている例が多い。たとえばソルボンヌ広場のニゼ書店がそうだ。ここは文学のテキストや研究書を出しているが、ぼくは直接本を注文する時など、古本で結構と書いてやる。するとちゃんと学生の書き込みの入ったテキストが送られてくる。教授の講筵に列しているような気分にひたれるし、おまけに安いから、一石二鳥だ。もっともすぐ古本屋に売ってしまうような学生の書き込みでは、たかが知れてるとも言えるのだが。

ある日、サン＝ミシェル広場に近い本屋を覗いたら、マンディアルグが最近亡くなった劇作家マルセル・アルランに贈った『ボマルツォの怪物』がさりげなく置いてあった。その表紙を眺めながら、かつて澁澤龍彦の魔力にひかれてボマルツォを訪れた日のことを思いだした。その頃はボマルツォなんていっても正確な場所も分からず、たいへんな思いをしてこの怪物公園に辿り着いたのだった。しかしながらさしもの澁澤のアウラも、ぼくをオトラント城まで導いてはくれなかった。夜更けにタラントから乗った汽車は長靴のかかとの方には向かってはくれず、気がつくとナポリに戻ってしまったのだ。あの時の無念さといったら。

このようにパリの本屋が、今でもぼくたちを夢想へと誘う装置として十分に機能しているのがたまらず、果てしなく歩いてしまうのである。

一九九〇年一一月

恐怖の光景

三宅理一

本の話をするというのは、実をいって非常に気恥ずかしい。というのも、私自身、体系的に書物を渉猟したり、書店に足繁く通うということをしないからである。本好きというタイプの人間がいるが、どう見ても私はそういう基準から遠いようだ。

旅行中は何をしているか、といわれると、確かに本を読んでいることが多い。でも、それは本当に気紛れでそうしているのであって時間をとってこれを読もうとか、知の世界に浸るということをやっているわけではない。せいぜい駅や空港のキオスクで雑誌を買ったり、文庫本を入手して汽車や飛行機の中で読み切って捨ててしまうといった按配である。

だから、こんな人間に本の話をさせるというのは酷というものだ。荒俣宏さんをみると思わず土下座をして敬意を表したいという衝動に駆られるくらいだから書物をこよなく愛する人(我が配偶者を含めて)からみると、実に野卑で教養のない人間と映るだろう。

それでも自分で著書なるものを認《したた》めているから、我ながら不思議である。あるいは知の世界に対するコンプレックスなのだろうか。浅田彰さんには、その足下にも及ばない。何かを質問すると、辞書を引いたかのようにレファレンスが出てくるし、彼の頭の中は書物の網の目が大型コンピュータの中のように詰まっているのではないかといつも感心する。

周りにいるのは、こんな人ばかりで、私の本嫌いはますますひどくなるし、時には活字など一切見たくないという気分にもさせられる。書店の販売の人に乗せられて、我が家にも百科辞典とか個人的シリーズの類いが結構あるが、それのもっとも有効な使い方は、ときおり催す我が家のパーティの際、机の脚としてたいそう便利だということで、足場にしたりするくらいだ。

それに本を買い込むとしっぺ返しが怖い。書物を夫より愛する我が配偶者は、自分の書架を侵略するようなシリーズ本の類いに腹をたて、それを自分のテリトリーに決して迎え入れようとしない。その結果が、私の机の脇にうず高く積まれ、パーティ以外に陽の目をみない本の山ということになる。本とはいまや恐怖の対象なのである。そんな私が一体どうして本の話など書けようか。

一九九〇年一二月

再読の欲望について

池澤夏樹

しばらく前、今では長老の列に加わったと見なすべきある作家が、自分は年に一回ずつ『パルムの僧院』を読み返すと書いているのを読んで、いかにもと思った。あの小説にはそのような読みかたを納得させるものがたしかにある。これと決めた一冊を年に一度ずつ読むという習慣には、何か時間というものの過酷な腐食作用を緩和させるような一面がある。いわば遠隔の地に暮らす親友の家を毎年クリスマスごとに訪れて昔話をするような喜び。

このような習慣的な読みの対象としてはやはり長い話がいい。『源氏』かプルースト、あるいは『紅楼夢』、もちろん人によってそれが『南国太平記』であってもかまわない。何度でも読めるのが本というもののいいところだ。詩集となると再読率は小説よりももっと高い。年に一度などといわず座右に置いて日々参照することもできる。もともと詩というものが一度では読みつくせないはずで、再読できない詩集はもうそれだけで詩集としての資格に欠けると言ってもいい。こちらの精神状態に応じて微妙に色合いを変えてくれるほど深みのある詩集はいいもので、シェイクスピアのソネット集や『建礼門院右京太夫集』に救われるという事態も人生にはしばしばあるのだ。

しかしながら、先日来ぼくが再読したいという強い欲望に駆られて買いに行こうかと迷っているある本の場合は、どうもその理由がうまく説明できない。二十年以上前にずいぶん綿密に読んだ本だから、半分はノスタルジアかもしれない。それに、論理的で明快な書物だったからそれを読み解くのが知的な快楽であったことも再読願望の理由になるだろう。しかし知的関心だけで読んで楽しんだ本はかつて何百冊もあったはずで、その中でなぜそれだけが記憶の中からよみがえって再読を迫るのか。

あまりもったいぶらないで明かしてしまえば、その本というのはライナス・ポーリング著『一般化学』である。要するに大学教養課程の教科書なのだ。学生という受け身の身分で接したのだから他の教科書に比べてこれが格別すぐれていたのかどうか、そんなことはわからない。この本と格闘していた時期が自分にとって特に幸福な日々だったとも思えない。それなのに、この本のタイトルと著者の名は家のすぐ近くの教会の鐘の音のように、このところずっと頭の中で鳴り響いている。これはどういうことだろうか。不可知論者になって一歩足を踏み出すべき時というものが人生にはあるというのも大袈裟だけれど、こういう場合は買って読み返してみるほかないのだろう。

さっそく明日にも買いに行こう。

一九九一年二月

黙読の誕生

池上俊一

読書は黙ってするもの。声をだして本を読むのは、幼児か、でなければ、外国語の発音練習をしている学生、あるいは多数の生徒を前にして朗読する教師やそれに類したシチュエーションにある者くらいであろう。たとえば想像してもみてほしい。満員の通勤電車に揺られながら新聞・雑誌や文庫本を熱心に読んでいるサラリーマンたち、かれらが皆、声をはりあげているとしたら、と。さらに想像の翼をひろげて、日本中の家庭で文字が音読され、家という家、部屋という部屋が、老若男女の声の共鳴箱のように鳴り響いているとしたら、と。

今日の大人なら、目で活字をおって文章の内容を頭にいれ、程度の差はあれ理解することができる。当たり前である。だがこの当たり前の読書方法は、じつはたいして古い時代にまで遡るものではないのである。話をヨーロッパにかぎれば、古代・中世においては書物――この場合はパピルスや羊皮紙に書かれた写本――は、音読されるのが常態であったのである。他人が朗読するのを聴くときだけではない。一人で読むときでさえ、声をださなければけっして読めなかったのである。知識は目から頭にはいることなく、かならず耳を経由しなくてはならなかったかのようだ。まさに耳学問の時代。聖アウグスチヌスは、先輩、聖アンブロシウスが唇を閉ざして読書する「奇妙な」癖をもっていたのを知り肝を潰しているし、中世の医者は、喉を痛めた患者に読書を控えるよう忠告したという。

事情が変わりはじめ、黙読が採用されるようになるのは、聖職者や修道士たちのあいだでは十二世紀、それが世俗の王侯貴族や上流市民にまで普及するのは、ようやく十四・十五世紀であった。この変化は、多くの点で社会に深甚なる影響をもたらした。著者というのが口述者であり、読者というのが朗読者にほかならなかった時代とくらべて、書物の字体・書法・文体・韻律などが一変するのは当然として、より重要な意味があったのは、一人で黙読する習慣がプライヴァシーの領域の拡大・充実と結びついたことである。黙読とそれを想定した著作活動は、朗読によって他人の耳にはいることを考慮しない密やかな作業となった。皮肉や風刺、またとくにポルノまがいのエロティシズムが宗教文学にまで大量に侵入する。だが、逆説的なことに、このプライヴァシー拡充は、俗人たちの霊性のかつてない深化と高揚にも貢献した。一人で敬虔に宗教書を黙読する習慣は、その読者の内面で、神との個人的な結合を追求するまたとない手段となりえたからである。

一九九一年六月

本の所番地

横山　正

以前、リヒテンシュタインだったかにある古本の工場？の話を聞いたことがある。何でもものすごく巨大な倉庫のような建物で、その中にヨーロッパの各地からやって来る貨物の引込線が入っていくのだそうだ。操車場みたいに次々に分岐していくようになっているのかも知れない。で、貨車に積込まれて来るものはと言うと、これが本だけではない、チラシやパンフレットなども含め、とにかくありとあらゆる印刷物なのだ。それがここに運び込まれて壁面を埋める棚に整理されていく。そうして何年か経つと、スペイン戦争当時の何々地方の人民戦線側の印刷物一揃とか、一角獣に関する文献一括とかいった具合にまとまって、セットゆえの高い値段の商品が出来上がるというのである。

話があまりに面白いので、あとで頭のなかで勝手に増幅してしまった部分もあるのではないかと思うが、いまとなってはどこまでが聞いた話だか区別がつかない。ただこの話を思い出したのは、いま私が書棚の本の分類に絶望しているからである。

自分の書棚の本は自分の仕事に都合の良いように並べるのが当然だが、さてこの自分の仕事というのが滅茶苦茶に錯綜してしまっていて、これとこれというふうにすっぱり切り分けられない。そこで本の主題別にスペースを決めようと、たとえば庭ということで、さらにその中も細分化して本の在りかを決めていく。では庭のことがいっぱい出て来る叙事詩や牧歌劇についての研究書のたぐいはどこにまとめるべきか。迷路や迷宮の本はというところで、またごたごたになり、とどのつまり、私の書棚は、あちこちちょっとまとまりがあり、その周辺は整理をしないも同然という縞文様になっていってしまう。その挙句はあの本どこに行ったの大騒ぎである。その一方で、毎日平均五冊以上は確実に本が増えていくのだから、その割り込ませ方も考えなくてはいけない。

で、冒頭の古本工場はいったいどんなふうに棚を分類しているのだろうと思っているのである。何しろ森羅万象出て来るものをその都度次々と片付けていかなければならないのだから。十進分類法なんて許せないと思いつつも、秩序を回復するにはああやって否応なしに住民登録させて強引に所番地を決めてしまうしかないかと思ってみたりする。しかし私はやはり気弱で独裁者にはなれないので、ついつい一冊一冊のご機嫌を伺い、底なしの泥沼へと落ち込んでいくのである。

一九九一年八月

本草書の入れ子様式

石田秀実

中国の本草書（薬物の性質・形状・効力などを論じた書物）は、江戸の博物学などをはじめ、広くアジアの博物学に礎を提供したことで知られている。本草書と聞いて首をかしげる人も、李時珍の『本草綱目』の名をあげれば、ああ、あの有名な本か、と思い出すかもしれない。世界各国の言葉に訳されたこの名著は、中国本草学最大の書であるが、この書に百年程先立って出版された『本草品彙精要』と共に、それまでの正統的本草書の様式を壊してしまったことで、大変な悪評をこうむってきた書でもある。

この二大本草書が編まれるまで、中国の正統的本草書は、なんともふしぎな様式によって編纂されていた。どの時代に編まれた書物も、それ以前に編まれた歴代の本草書群を、順序よくその内に取りこみ、含み持つ形で編まれていたのである。歴代の本草書がほとんど失われ、遺っているのは十二、三世紀以降の出版物ばかりというのに、それ以前の本草書についてあたかも今読んできたかのように私達が語りうるのは、もっぱらこの入れ子様式の著述スタイルのおかげである。

かつてある研究会で、話がたまたまこの本草書の入れ子様式に及んだ時、同席していた日本文化論の大家は、なかばあきれはててこんな風につぶやいていた。「だってそれじゃ『新古今和歌集』の中に『古今集』や『万葉集』が丸ごと入っているようなものじゃないか」。

なぜこんなふしぎなスタイルが承けつがれてきたのかについては、いくつかの原因が考えられる。スコラ的伝統主義、尚古主義というのが、一番お手軽な答えだろう。だが注に注を重ねる儒教のスコラ学も、さすがにここまで徹底した様式は採用していない。どうやら単なる尚古主義を超えたものが、この様式の裏にはありそうだ。

この様式の確立者、陶弘景は、六朝期の名高い道教徒である。道という不可知のリアリティに根拠を置く彼の立場からすれば、古聖人の遺した記述について、今の自分が誤りだと判断しても、その判断が絶対的である保証はどこにもない。どちらも相対的な「人」の言葉にすぎないからである。どちらか一方を取捨するのではなく、究極のリアリティに至る多様な道すじを示すために、今までの言説を順序よく入れこんでおく、彼の戦略はこんなところではなかったのだろうか。ともあれこんな様式を作ってくれた彼のお陰で、私達は考古学者が地層を一枚一枚はがしていくように、本草のテクストをはぎとってゆくことができる。

数寄心を働かせて、本草テクストの構造分析に走る人だって、そろそろ出てくるかもしれないのである。

一九九一年一〇月

稀覯書も眠れる森の美女

高橋義人

本には大切にされる本、されない本がある。以前、ゲーテの原型論の前史を調べてみようと思いながら、モーペルテュイ、ビュフォン、ヴィック・ダジール、ボネ、カンパーらの本を、日本のあちこちの大学を訪ねて探したことがあった。彼らはみな一八世紀人であるから、大学図書館のなかに稀覯書として大事に保管されていると普通は考えるであろう。ところが意外とそうではなかった。生物学者であった右の人々の本の大半は理科系の学部にあったが、自然科学の各分野の最先端で研究している人たちは、わが家にあれば家宝になるような一八世紀の古書など見向きもしないのである。

付属図書館のカードに目指す本のタイトルを見つけて、それを保管してある某学部図書館に喜び勇んで趣くと、なぜかここにはカードがない。不安な面持で図書館員に尋ねると、古ぼけた大学ノートを持ってきてくれた。それに件《くだん》の署名は記載されていた。ほっと胸をなでおろすと、探すのに手間がかかるので三日後にまた来てくれと言う。ようやく本を手にしたとき思った。この本は購入されてから今日私の手に触れられるまで、まるで「冬眠」していたようなものだ、と。

これなどはまだいい方だった。某大学の某学部で私の案内をしてくれたのは、白衣を着た先生だった。白衣先生が連れていってくれた薄暗い部屋の片隅には、うずたかく埃の積ったピアノが置いてあったが、白衣先生はその背後を指さし、古い本はみなここに放りこんでありますという。私は開いた口がしばらくふさがらなかった。白衣先生から懐中電灯を借りて、私はピアノの後の「秘密の書庫」にもぐりこんだ。出てくるわ、出てくるわ。私は思わず生唾をのみこんだ。ここは一八世紀から二〇世紀前半までの著名な古書の眠る宝島だったのである。

ビュフォンの『博物誌』は北里大学の小泉文庫にあった。他の大学と同じく「冬眠」を強いられていたとはいえ、小泉文庫は幸せというべきだった。ガラス窓のついた立派な本箱に施錠されて収められていたのだから。ビュフォンの『博物誌』は全巻は揃っていなかったが、目指す巻はすぐに見つかった。必要な箇所を書き写した後、革表紙で図版も美しいこの本をしばらく眺めていた。女性になぞらえれば、ビュフォンの『博物誌』は明らかに伝説上の美女である。しかしこの美女も私が来るまで、このガラスケースのなかで眠れる森の美女さながらに静かに眠っていたのかと思うと、書物の持つ悲しい運命に思いを馳せずにはいられなかった。

一九九一年一一月

コデックスのコード

鶴岡真弓

「本の歴史において、グーテンベルクの印刷術発明に比肩する革命は、コデックスの登場にあった」（K・ヴァイツマン）

「コデックス Codex」とは「冊子」のこと。一枚一枚のフォリオを束《つか》ねてページ仕立てにしたこの書物の形態が、紀元一世紀末頃、従来の「巻物」形態にとってかわったとき、西欧の書物は大きく飛翔した。以来今日まで、西暦の年数と同じ齢を重ねてきた。古代末期におけるコデックスの登場は、それから一三〇〇年後の印刷術や現代のコンピュータ革命にも増して、知識人を興奮させた。

「ああ、こんなにたくさんの皮紙が折り込まれている！　新しい本の形が生まれたのだ！」

ローマの詩人マルティアリスは彼の諷刺詩のなかで何度も、その新しい本の形態を大いに礼賛した。長い巻物ではなく、コンパクトな一冊の本のなかに、紀元前、ラテン文学の最初の黄金期を画したウェルギリウスの著作を収めることができるコデックス。彼にとって新しい書物形態が擁することのできる文字言語の量的拡大は、一九七〇年代以降の人類が手にしたフロッピーディスクの比ではなかった。ページ仕立てに成長した本は、書物に「文字の王国」の繁栄をもたらした。と同時に、「図像」の興隆をもたらした。

写本研究の泰斗《たいと》ヴァイツマンが言ったように、巻物形式の書物では（絵物語は別として）「挿絵」が、文字欄の余白に、実に窮屈に挿入されるしかなかった。しかしコデックスでは、それに独立した一ページが与えられ、テクストに拮抗するイメージの領域を、書物の中で展開する権利を手にしたのである。つまりテクストが読者に与えるモノクロームの観念の領野に、ポリクロームな、肉体をもった図像の世界を持ち込んだ。真の「イラストレイテド・ブック」の誕生である。

イラストレーションとは「説明の図」の意である。西欧最高のイラストレイテド・ブックたる中世の「聖書」写本。そこでは一ページいっぱいに描かれたさまざまな聖像装飾、聖書物語の場面が、テクストの補足どころか、独立した視覚芸術としてモニュメンタリティーを発現した。ユダヤの立法は巻物に書かれたが、聖書はコデックスに写本されるようになった。このベストセラーの全き書物は、テクストと図像の共存のスタイルを得て、中世世界の「信仰と知」の中心に君臨することになった。

「テクストとイメージの交響」を読者に届けた「コデックス」の始まりのコードは、今も新しい。「世界で最も美しい写本」と呼ばれる『ケルズの書』も、この写本革命によって、贅沢にもページ毎に、「ケルト文様」を描くことができたのである。

一九九一年一二月

ある関数

澤井繁男

　ものを書いていくうえで生ずる人間関係というと、取材などの執筆上の手続きを別とすれば、やはり出版者との触れ合いが最たるものであろう。一冊の書物の完成が著者の卓抜な精神的営為の賜物だと考えるのは尊大である。良い編集担当者にめぐりあわないと豊かな稔りは期待できない。そしてここに両者が独自の波調を出し合って、ある関数が生み出されてくる。

　ルネサンス期でも、出版事業を思想表現の強力な手段と捉えていた出版業者が少なからずいたが、一方では出版をビジネスときっぱり割り切って考えた業者も当然いた。著者は出版者側との人間的関数に金銭の関数もプラスして算段せねばならなかった。ちなみにルネサンス期の両者の関係をさぐってみると以下のようになる。

1――出版費用を著者が全額負担する（ただしパトロンがいる場合はパトロンが負担）。

2――相互に負担し合う。たとえば著者は六百冊のうち三百冊を買い取り、三百冊を出版者に売ってもらう。

3――出版者が全額負担する（ただし著者には少部数をわたして、代金は支払わず）。

4――出版者が著者に原稿料を支払う（ただし商業的に売れると見込んだときだけで、支払い額に基準はなかった――印税の場合は売れた額のパーセンテージ）。この方法は当時稀だったが、後年発達した。

4の印税システムが現在の方法に近いが、自費出版、買い取りなども現存する以上、四つともみな現在と共通項を持っているといえよう。

こうしたなかで著者と出版者はともに合致する関数を見出して本をつくっていくわけであるが、金銭の関数が先にあって人間関係の関数が成立するのか、またはその全く逆なのかは往事も今も不分明である。

ルネサンス期のヴェネツィアの代表的な出版業者であったアルド・マヌーツィオの場合、著者が生きている人間のときは自宅に泊まり込んでもらって、職人ともども三者で本づくりに精を出したという。それほど親密な人間関係は、現在望むべくもないが、金銭も含めた本づくりの関数のダイナミズム、著者、出版者、印刷者、それぞれの側から再考、再々考されてしかるべきだと思う。

一九九二年五月

緩急自在に読む

藤幡正樹

本は手に取られ、眼で読まれる。そこにはページという順番がある。一応頭から順番に読まれることが想定されているから、そこには時間がある。それは、読み手にとって自由な時間だ。進んだり止まったり、再開されたり繰り返されたり、しかしそれ以上読み進められない場合もあるだろう。読まれるべき活字が、いま読み進んでいるページの先に図像としてじっと待っているのがわかる。ちらちらっと先をめくると、特に漢字は騒々しく、風景や現象や事物を思い起こさせる。その時には、それらの文章が語る内容とは別個に個々の活字の持つ世界が聞こえてくるのだ。

普通に文章を読んでいる時にも、図像としての活字のつらなりを読みつつ「ああ、こんな漢字がこういう順番にならんでいる」などと感心してしまうことがあるものである。そのことは活字という鋳込まれた物質としての側面から感じるのではない。語られている内容とはまったく別の流れが漢字の形自身には感じられるのだ。それは明朝だろうがゴシックだろうがかまわない。そこには単なる形そのものに帰った、形の持つ意味がごろっと転がっている。

それと同じことが、きっと文字のない絵本や写真集にもいえるのだろう。作品集を作るときに、どういった順番で作品を収録したらよいかについてたいへんに悩む。それはまさに並べてみなければわからないといったことなのだが、そこに見えるものとそこには直接に見えないものとの流れのバランスを取るということに悩んでいるのではないかと思う。漢字はすでに形があるものでありそれは意味の方が優先されて並べられているにすぎないともいえるが、同じ意味の文章がいかようにも書けてしまうことを考えると並べられたそれらの活字の持つ形象も重要な複線なのかもしれない。

　ある特定の図形が二度並べばそれが意味を作ってしまう、と同時にその二枚の形の違いがまた別の意味を作ってしまう。また、それ自身が持っているもともとの何かが強すぎて全体の流れを壊してしまうかもしれない。それは、語りたい内容とどういう関係にあるのかなどということを考えてしまうのだ。

　そんな細かいことまでも考えるようになってきた自分が不思議な感じもするのだが、ときとしてすばらしい文章に出会うと、ひらがなと漢字とカタカナが同居しながらこんなにも上手に文章が組まれている我々の図像や図形に対する並々ならぬ感性に感心することしばしばである。

一九九二年九月

コンピュータと古書

笠原敏雄

今年（1992）の五月に、高価にして低速の某国民機＋一太郎から、廉価にして高速の台湾製PC/AT互換機＋WINDOWS＋DDD＋VZ EDITORに乗り換え、原稿は全てDOS WINDOWSの中で作成し、割り付けソフトを使ってレーザープリンタで出力している。時々ふしぎな現象は起こるが、きわめて快適だ。仕事も速くなった。出版社には、MS-DOSテキスト・ファイルを添付して渡している。『アメリカ心理研究協会誌』編集長リーア・ホワイトさんの話では、アメリカには、編集者の入れた朱に従って版下まで著者に作らせる出版社もあるという。現に、ホワイトさんの近刊書 Parapsychology: New

Sources of Information（Metuchen, NJ: Scarecrow Press）がそうなのだそうだ（超心理学に関する情報満載のこの本は、超心理学に関心を持つ人全員の必携書だ）。いずれ日本でも、そういう時代が来るのだろうか。近いうちにレーザープリンタの出力が一二〇〇ドット／インチ程度になるだろうから、そういう出版社が出てきてもふしぎはないが、そうなったら印刷所も著者も困るだろう。

話は変わるが、洋書は十数年前から全て個人輸入だ。日本には、心霊研究＝超心理学関係の代表的な図書や専門誌はどこにもない。それなら自分でと、英米の出版社や古書店などを通じて、十九世紀末から最近のものに至るまで、重要な専門誌や図書を網羅的に取り寄せている（洋書の入手法については、『サイ・ババの奇蹟』［技術出版］の「訳者後記」参照）。ニューヨークの古書店からは、送ってあるリストに従って、入荷のつど本が自動的に届くようになっている。『心霊研究協会会報』は、イギリスの古書店で一八八二年第一巻からほとんど手に入れることができたし、『心霊研究協会誌』は一九〇七年発行の第十三巻以降を、最後のセットで古いという理由で、SPRから送料だけで譲っていただいた。これには著名な研究者の書き込みがたくさん入っている。ふしぎな経過で神保町の書店から入手した福来友吉の『透視と念写』は二万五〇〇〇円もしたが、同じ福来のClairvoyance and Thoughtographyは、ブリストルの古書店からわずか十八ポンドで購入している。また、ケンブリッジの古書店の目録を見ると、ボッカチオの一五五四年版が二〇〇ポンド、ワーズワースの一八三八年版の『ソネット』が一〇〇ポンドになっている。日本は、コンピュータだけでなく古書も高い。

一九九二年一一月

海、ヴェルヌ、そして少年期の夢

西村三郎

海に入れあげていた時期があった。海なしでは夜も日も明けないという有様だった。自分でもどうかしていると思うほどだったが、そのことを今でも後悔はしていない——ひとつの対象にあんなにも純粋に打ち込んだ青春の日々。

海のことを意識するようになったのは小学校初級の頃だ。その頃よく訪れた北国の真夏の海のまばゆいばかりの明るさと青い世界の底知れぬ神秘が、山ぐに育ちの少年の心をとりこにしたのは当然というべきだろう。だが、私の場合はそれに加えて、書物から受けた影響も決定的だったように思う。

少年の日になけなしの小遣いをはたいて求めた本の思い出はいつまでもなつかしい。何冊かのそうした私の宝物のなかで、とりわけ愛着の一冊があった――ジュール・ヴェルヌの『海底二万里』。もちろん、全訳ではなく、少年少女のためにリライトされた、当時講談社が刊行していた世界名作全集のなかの一冊だった。どれほど熱中したことか！　幻想的な美しさに満ちた海底の情景、世界の各地で繰りひろげられる冒険の数かず……。随所に挿入された椛島勝一の、あの鋭角的でコントラストの強い挿絵が、いっそう少年の空想力を刺激した。

文字どおり枕頭の書となった。この本を枕許に、私の夢はいつも、ネモ艦長指揮する最新式潜水艦ノーチラス号とともに、世界の海底を駆けめぐった。この冒険譚の話者である海洋生物学者アロンナス博士が理想の人物像となった。

少年時代に思い描いた夢。気がついたらいつの間にか、その通りの道を歩んでいた。自分でも不思議な気がする。幸運だったというしかない。

ヴェルヌが『海底二万里』を著したのは、大西洋横断ケーブルが敷設されはじめたばかりの時だった。海底への関心は高まっていたが、実態はなにもわかっていなかった。彼は作家の想像力を駆使してそれを見事に書きあげた。深海の謎を解き明かすべく、イギリスの海洋探検船チャレンジャー号が三年半にわたる世界周航に旅立ったのは、その二年後のことである。

一九九三年一月

読み人知らず

佐倉　統

「古文の先生がつまんなくてさぁ……」。

高校生のぼくが、不満たらたら、家でこぼした愚痴である。だいたい高校生というのは、世の中万事、何に対しても不満だらけなものだ。今にして思えば、その古文の授業も笑い話ですませられるようなものだったが、当時はけっこう真面目に怒っていたと記憶する。

そんなぼくに、母は自分が大学生だったときの話をしてくれた。彼女が伝え聞いた話では、歌人・島木赤彦の万葉集の講義は、歌をひとつ詠んでは、本を閉じ、宙を仰いで、「いいですなぁ……」と嘆じる。その繰返し。それだけ、だったというのだ。

生意気盛りの高校生にしてみたら、「ゲッ、何それ？　詐欺じゃねぇか！」という感じである。有名な歌人でもそんなんだったら、今の教師がこんなんなのもしょうがないか、と変に納得してしまった。

しかしこれ、若気の思い上がりとは、恐ろしいものである。最近、そういう講義ができるっていうのは、実はものすごいことなんじゃないか、と思うようになってきた。いろんな感動があるんだから、中には、それ以上言葉で表せないのだってあるだろう。もしそういう感動を他人に伝えようとしたら、これはもう、読んで嘆じるしかないのではないか。それが一番まっとうな表現なのではないか。

感動とは、本来コミュニケーション不可能なものだ。このことはみんな知っている。だけど、それを実地に示すことは難しい。そんじょそこらの人間には、真似のできない技だ。昔ぼくが軽蔑した万葉の講義は、島木赤彦ならではの、ある種の高みに達した境地の開陳、だったに違いない。

しかしもっとすごいのは、その境地を、まだ年端もいかぬ女子学生に講義していたこと、そして一方に、それを拝聴する女子学生たちがいたこと。この図には、愕然とさせられる、これで講義が成立しているというのは、今の大学では考えられない。今なら、ぼくなら、非言語的情報を学生に伝達するために、ビデオやスライドやマンガを使う。この差は、何なのか。

イギリスでは大学教授のことを「読み人 reader」と呼び、学科を専攻することを「読む to read」と言う。古色蒼然たる言葉遣いだ。だがその古めかしさの中には、とても大事な、教育の原点が込められているのではないか、視聴覚教材が発達し、マルチメディア情報がネットワークでバンバン送れる時代になっても、読むことの重要さを忘れてはいけない……そんな気がする、今日この頃である。

一九九三年一〇月

「リアル」を描くために

布施英利

このところ必要があって小説をまとめて読んだ。書き下ろしの小説論を書くためで、『電脳的』という題でこの六月に出版した。村上春樹・村上龍以降の日本の小説を、脳や死体ということをキーワードにして読んでみた。脳や死体というのは、ぼくが批評を書く上での大切な用語で、これまで現代美術、映画、写真、演劇さらにはメディアや科学まで、そのような切り口から批評をしてきた。

そして今回は初めて小説に挑んだ。内容については、そちらを読んでいただけるとありがたいが、この本の原稿を脱稿した直後、村上龍・春樹の両氏がともにその代表作ともいえる新作を発表した。

この二つの新作『五分後の世界』と『ねじまき鳥クロニクル』に共通しているのは、戦争が重要な「小道具」として使われているところだ。

『五分後の世界』では、第二次世界大戦が終わらなかったと仮定し、現代に生きるある男が、その戦争が続いている世界に迷い込んでいくという話だ。そこでは広島・長崎に続いて日本の各地に原爆が投下され、しかし日本は降伏せず、人口が数十万に減少した今もゲリラ戦で抵抗を続けているという内容が描かれる。このような設定は、平和ボケして何か大切なもの（村上龍によれば「プライド」）を失った現代への痛烈な批判と、現代への「拒否」の感情を込めたものである。

いっぽう『ねじまき鳥クロニクル』にも、第二次世界大戦が描かれる。こちらはノモンハンでの戦闘を体験した老人が、主人公にその思い出を話すという設定の場面があるのだが、その内容が凄まじい。同僚が敵につかまり拷問を受けるのだが、それが生きたまま皮を剥がれるというものなのだ。遊牧民が羊の皮を剥ぐように、人間を大の字に縛りつけ、器用な庖丁さばきで皮を剥き、肉を剥き出しにする。そのような状態になっても拷問を受けた同僚は死なず、悲鳴を上げつづける。このような描写は、かつての村上春樹の小説にはみられなかった。『ノルウェイの森』では首吊りをした姉妹を発見する場面があるが、それとてこんな凄まじくはない。村上春樹はこのような表現を通して、九〇年代を生きるぼくたちが失った肉体感覚をリアルに感じさせようとする。

ともかく、この二つの小説が「リアル」を描くための小道具に、第二次世界大戦などという大昔の話を使わなければいけないほど、現代にはリアルが無くなってしまったのだ。

一九九四年六月

本と鏡

谷川　渥

本のなかの本というモチーフがある。たとえば小説のなかで言及される書物が、当の小説の重要な構成因子となり、物語を進行させていくうえで決定的な役割を演じる。ときに当の小説と言及される書物とが、一種の入れ子構造になって、互いに互いを鏡のように映し出す。そんな場合である、

オスカー・ワイルドの『ドリアン・グレイの肖像』(1891)に「黄色い本」というのが登場する。これがまさしく「本のなかの本」である。ヘンリー卿が届けてくれたこの本に、ドリアンは夢中になる。その初版本を九部もパリからとりよせ、それぞれ異った装幀を

施すほどの執着ぶり。以後、この「異様な本」「有害な本」の主人公がドリアンの生活信条上の鑑《かがみ》になる。これがユイスマンスの『さかしま』(1884)にほかならぬことはいうまでもない。

おもしろいのは、この「デカダンスの聖書」のなかにも「本のなかの本」が登場することだ。主人公のデ・ゼッサントが批評の対象とするラテン文学作品から象徴主義の詩にいたる作品群のことではない。内容への言及なしに一回だけポッソと名前の挙げられる『アーサー・ゴードン・ピムの冒険』(1838)がそれである。海豹の皮で装幀された唯一の豪華本。デ・ゼッサントは旅行を夢想しながら、頭のなかですべてを完結させる。現実の旅行よりも空想旅行のほうがすばらしい。自然よりも人工である。そういう文脈で、『ピム』は象徴的存在となる。

ボードレールがポオのこの小説を一八五八年に仏訳して以来、フランスでは一種のブームが起きたらしい。『さかしま』の翌年には、『ピム』の続編ともいうべきジュール・ヴェルヌの『氷のスフィンクス』が出た。
ところが、この『ピム』にさらにわれわれは不思議なところで出会うことになる。ルネ・マグリットの『不許複製』(1937)という絵においてである。鏡を前にして立つ男のうしろ姿が鏡に映っている。鏡像が不可避的に左右逆像にならざるをえないとすれば、これを避けるには、鏡像をはじめからうしろ向きにしてしまうほかはないわけである。とはいえ、鏡の前の棚に載っている本は、ちゃんと逆向きに映っている。これがボードレール訳の『ピム』なのだ。マグリットは、なぜ『ピム』の映像だけを正しく逆像にしたのだろうか。現実と空想、正と負、実と虚といった関係を考えるうえで、これはいかにも暗示的である。本と鏡には、なにか本質的なつながりがありそうだ。

一九九四年九月

本の中の星

小林健二

ぼくは本当にわくわくする。そしてときどきニヤニヤする。それはぼくのとっておきの意識や興味が、宝物の様になって、ある場所に隠されているのを思い出しているときなんだ。

大事なものってきっと目に見えない所、そうまさに秘密の場所がうってつけなんだよね。ぼくは古本屋さんが好きなんだけど、まれに格安コーナーで奇妙なものを発見する。たとえばそれは、当の本が抜け落ちた函であったり、題僉《だいせん》だけが貼ってある束見本であったり。

でもそんなものにはぼくにとってやたらと気を引くタイトルが

附されていたりする。「星より星への通路」「朝の鳥の歌の神秘」「発光する幽霊の存在」。こんなものを見つけると文学というよりは理工系の本屋へ行く事が多いから、いったいどんな事実の証明がなされていたのかと思うと、楽しくてたまらない。本当ならあるはずのその見えない頁や、透明な文字や挿絵を想像すると、読書などの面倒な手続きを一気に飛び越えて、ぼくの心の中に勝手に世界が広がって行く。だからそれらの函や白い頁がぼくの宝物を隠している容器になると言うわけさ。

この世に存在しているおびただしい書籍の中から本当に廻《めぐ》り合いたい本に出合うなんて不可能に思うときがある。でも、ぼくらはきっとイシスみたいに、バラバラになった郷愁のオシリスを少しづつ少しづつ拾い集めているんだね。だから頁の地層の間から、素敵な詩《うた》や夢や思想の化石を発掘するとなにかを思い出すみたいじゃない。

ある日誰かの宝物が「本の方法」を使用してぼくの心へとやっ

てくる。すきとおった銀河が広がったり、地底への冒険に出掛けたり、砂漠で美しく悲しい物語たちがドロップのように溶けて広がる。ぼくたちは過去や遠方の隔たりを忘れて意識の宝石を交換する。

日がな一日ボーッとしていることの多いぼくだけど、例の容器の中にあるぼくの宝物たちを、いつか本の形に作ってみたいと考えている。ちょうど手紙の返信を書くみたいな感じで。ぼくにとって本っていうのは手紙と同じものなんだ。

そういえばついこの間、ちょっと不思議な体験をした。本の中の夢のドロップが熟成すると小さな星にでもなるのかしら……夜、ぼくの下手な電気工事のおかげでブレーカーは落ちてしまった。その時ぼくは不意に暗転した書庫の中で、素敵な満天のプラネタリウムに包まれていたんだ。

一九九五年三月

漫画様、ありがとう

桐島ノエル

「作家・エッセイスト 桐島ノエル」そう書かれた自分の名刺を見るたびに、不思議な気分になる。「作家…私がぁ〜？」というのが正直なところで、少々複雑な思いだ。

物書き業では大先輩の母親を持つ私にとって、本はつねに身近なものだった。が、だからといって私が作家になりたかったかといえば、そんな事は無い。

締切り間際の母はハッキリ言って怖かった。子供に電話番をさせ、居留守を使ったりもした（いやいや、もちろん、ごくたまにだが…）。原稿を書いている時の母を見る限りでは、楽しい仕事という雰囲気ではなかった。

たまに、母が作家と聞いただけで、「まあ！　じゃあ、やっぱりノエルさんもお母様の影響で本がお好きだったんでしょうねぇ」などと美しい勘違いをしてくれる人がいるが、そんなことは全然無い。

母宛に送られてくる奥様雑誌を盗み読みするのが楽しみだった私は、どちらかといえば非常に俗っぽい子供だった。「夫を喜ばせる秘密のテクニック」な〜んて過激な記事までしっかりチェックしていたせいか、すっかり耳年増（というか目年増）になっていった。文学少女と呼ぶにはちょっと無理があるかもしれない。

小学校四年の秋、母は突然アメリカに住もうと言い出した。驚く姉と弟と私に、一つずつスーツケースを渡すと母はこう宣言した。

「少なくとも一年は日本を離れるだろうから、これにどうしても必要だと思うものだけを詰めておきなさい」。

私は小さな脳味噌をフル回転させて考えた。が、所詮子供の知恵だった。大好きな漫画本を一杯詰め込んだ私は、桐島家のモットーが「セルフ・サービス」だということをコロッと忘れていた。スーツケースを引き摺りながら、私は初めて本が重いものだということを学んだ。

ところがこれが意外なところで役にたった。英語にまみれた生活で、ともすれば忘れそうになる日本語と私をつないでくれたのが漫画だった。いまだに履歴書も辞書無しでは書けない私が、本を読むぶんには不自由しないのも、漢字にルビが振ってあるマンガを繰り返し読んでいたからなのだ。

まさか、この私が本を出す日が来るとは思ってもいなかったが、とりあえずは本でも読んで、勉強して、漫画様とワープロ様の存在に感謝感謝の日々である。ありがとう！

一九九五年七月

黄ばんだ片仮名

西垣 通

去年、フランスで一冬を過ごしました。北フランスの冬はきびしいものです。来る日も来る日も、どんよりと灰色の雲がたれこめ、みぞれ混じりの北風が吹き、人々は黙って肩をすぼめ、ぬかるんだ道を黒い塊のように歩いています。まさにデプレッシオン（低気圧＝憂鬱）そのものの世界……。

気候のせいか持病の腰痛が再発してしまい、僕はうんざりしながら、アパートのベッドに横たわっていたのです。とはいえ、良いこともありました。考える時間がたっぷりあったことです。いつのまにか、僕は自分の心の奥にあるもの、ルーツみたいなものを追い求めていました。日本の忙しい生活では決してできなかったことです。

そうすると、やがて目の前に、「黄ばんだ片仮名」が鮮やかに浮かんできたではありませんか……。「黄ばんだ片仮名」なんて妙なコトバですね、正確に言えば「黄ばんだザラ紙の上に印刷された黒い片仮名」のことです。レミとか、モンテクリストとか、ジャン・バルジャンとか――小さかった頃、そういう活字が僕の頭のなかでいつも高速回転していました。当時の日本は貧しくて、紙の質は悪かったけれど、片仮名がいっぱい詰まっている少年文学書はまぎれもなく僕の聖域だったのです。つまり、僕は誰よりも、そういう片仮名の仲間たちと一緒に暮らしていたのです。

彼らはいったいどこに行ってしまったのだろう？　実際、ここは「本場」ではありませんか。しかし、彼らと周囲の「本物」のフランス人とはあまりにも違いすぎますし、僕もすっかり歳をとってしまいました。

——そのときです。ふと胸騒ぎがしたのは。僕はあわてて窓に近寄りました。するとどうでしょう、そこにあの可哀そうな〝にんじん〟が歩いているではありませんか……また叱られたのか、しょんぼりとうつむいて。

こうして僕は旧友に再会するという、あの至福の一瞬を得たのでした。

一九九六年一月

この話はほんとなのです

大鹿智子

八才の頃、いとこと叔母とで近所の商店街にある本屋にはいりました。児童書の小さなコーナーにE・ケストナーの「点子ちゃんとアントン」がありました。その時どうしてそんなに欲しかったのか忘れましたが、叔母の薦めてくれた本を拒否して買ってもらった記憶があります。

始めに、読者に宛てた手紙のようなまえがきがあり、奇妙な出来事のきり抜きを入れておく箱のことや、新聞の小さな記事からこの話ができたこと、「これでまえおきはおしまいです。ばんざい」なんて書かれています。物語は、大きなお家に住む点子ちゃんが犬のピーフケと壁に向かって物乞いの練習をしているところから始まります。もうそれだけでずいぶんおもしろそうだとわかってしまいます。

その上、物語は一章節ごとに中断され、作者からの手紙のような「反省」が書かれています。「反省」だなんて変ですよね。前章にふれて、「僕はあの人は許せないな、この人は好きだな」とか、「その話はほんとなのです」などと書いてあるのです。最後は絵に描いたようなハッピーエンドに「幸福な結末について述べます」という「反省」がついてきます。自分が作り出した物語や登場人物についてあれこれ言うなんておかしいなあ、と思いながら何度も読み返しました。

見えない作者が話しかけてくる、その部分が妙に新しく感じたのです。それまで読んでいた少年少女世界文学全集のような、子供向けに再三短く書き直されたものとはぜんぜん違っていました。三つの時間軸（物語と、作者と、読んでいる私自身との）が合流する、不思議な親密さと客観力に魅かれたのでしょう。いまだにそれは私の重要な〝文学体験〟のひとつに数えられています。

一九九六年四月

本の霊

中村桂子

大垣での会合の主催者が、昼休みを利用して、車で三十分ほどのところにある「養老天命反転地」を案内して下さった。その名の通り、有名な養老の瀧のある県立公園内に、荒川修作さんが造ったユニークな場だ。テレビで紹介されていたので御存知の方も多いと思う。長径百三十メートル、短径百メートルという巨大な楕円形の窪地の中に迷路のように張りめぐらされた周遊路には、平らな所が一つもない。道そのものも決して平面ではなく右に傾いたり左に傾いたり、凹凸しており、小雨の後だったこともあって、一歩一歩に注意を集中しなければ危ない――子供時代、すべてが初めてで、確かめ確かめ前へ進んだ頃を思い出すように――との作者からのメッセージが書いてある。

路の途中には、「極限で似るものの家」「宿命の家」など、これまた、生まれて初めて接するようでもあり、どこかで体験したことがあるようでもある、というふしぎな家が五つほどある。

その一つ「地霊」は狭い入口から入り、真暗な空間を手探りで進むようになっていた。前の人について何気なく入って十歩ほど……体の奥の方から何とも言えない恐さがこみ上げて来て立ちすくんでしまった。一歩も進めない……後から来る人にせかされてもどうにもならない。その時見ていたのは、子供の頃に読んだ『エスキモーの双子』という童話の挿絵だった。毛皮の服を着た可愛い双子が氷の家の小さな小さな入口から這うようにして中に入っていく絵なのだが、なぜかその中は真暗だ（窓が描いてなかったので）、そう想像して、「ダメ、入ると大変なことになるよ」と引きずり出したい気持ちにかられた。「地霊」に入った途端、その時と同じ恐さが襲ってきたのだ。「ダメ」と。

白く輝く氷の世界の向こうに、なぜか真暗闇を想像させた、あの本の霊が久しぶりでやってきたのだった。

一九九六年一二月

旅先で今日も古書探し

鹿島　茂

　フランスの地方都市を旅するときの楽しみのひとつに、土曜の朝に開かれる蚤の市がある。といっても、パリのクリニャンクールのような常設の店舗があるわけではなく、教会や市役所前の広場に、トレーラー・ワゴンやライトバンでやってきた行商人たちが思い思いにテントを張って売り台を広げただけのフリー・マーケットに近い市である。

　ところが、これが意外にいいのだ。とくに、いまは寂れてしまったが、十九世紀までは地場産業が栄えていたモンペリエとかル・マンといったような町が狙い目である。こうした都市では、過去に蓄積されてきた資本がなにかしらの形で残っているから、パリなどよりも掘り出し物に出会う機会がはるかに多い。しかも、骨董品や古書店を恒常的に営むことのできるほどの人口はないので、その分、状態のいい品物が蚤の市に出る可能性が高いのである。とくに、古書は、思っているよりもはるかに凄いものが出ていることがある。

だから、土曜の朝は、ホテルで惰眠をむさぼってなどいないで、思い切り早起きするとよい。まだ暗いうちから広場で商人が荷解きを始めるのを狙って一番に駆けつけると、無造作に梱包された新聞紙の中から、十九世紀のモロッコ革の挿絵本がひょいと出てくる。不思議なもので、こんなのが出てくるのじゃないかと予感したそのものずばりの本が、ほら、あなたの欲しいのはこれでしょうとでもいいたげに、すうーと姿をあらわすのである。こうしたときには、あまり焦って値段を尋ねてはいけない。地方都市の蚤の市の古本屋などは、あらかじめ値段を決めておくようなことはせずに、その場の空気で高くも安くもするから、意気込みすぎると、かえって高い買い物をしてしまう。とはいっても、旅先での買い物だから文字通りの一期一会。買うのだったら、気合で買わなければならない。それで損をしても旅の思い出と片付けることができる。これが地方都市の蚤の市のいいところである。

一九九七年四月

出会いと関係性の読書

風間賢二

海外の新しい小説や一風変わった小説の紹介を〝売り〟にしていると、若い読者から、よく尋ねられることがある。「いったいどうやって、そんな作家や作品を見つけるんです？」と。どうやら、最近の若い人は、すでにバルトやデリダ、クリステヴァなどのポスト構造主義の批評理論に触れていて、〈テクストの複数性〉や〈間テクスト性〉、〈開放された書物〉ということを頭ではわかっていても、いざそれを実践するとなると、読書における〝出会い〟と〝関係性〟ということに無頓着で、一冊の本は、それだけで完結したひとつの世界を構築しているものと思ってしまうらしい。

ここで、ぼくの言う読書における〝出会い〟と〝関係性〟を具体的に説明しよう。たとえば、芥川龍之介の短編集を一冊読む。すると当然、アンブローズ・ビアスの名を知ることになる（たいていの「解説」には、芥川のビアス好きのことは書いてある）。ビアスと出会い、彼の作品と接すれば、どうしたってポーにまでさかのぼりたくなるし、その両者をリンクするフィッツ＝ジェイムス・オブライエンといった超マイナーな怪奇幻想作家にまでたどりつき、そこからはＳＦやファンタジー、ホラーへと興味は広がっていく、あるいは芥川のアフォリズム集『侏儒の言葉』を読めば、それがアナトール・フランスの『エピキュールの園』の影響下に創作されたものであることを知り、その文芸様式がラ・ロシュフーコーやラ・ブリュイエールによって確立されたものだと教えられれば、どうしたって、フランスのモラリストや啓蒙主義者たちへと関心は広がり、やがてサド侯爵とも出会い、エロチシズムの文学へと好奇心は向けられることになる。

このように〝出会い〟と〝関係性〟を意識しながら読書をすれば、芥川の作品を読んだだけで、少なくともオブライエンやサド侯爵へとリンクしていくものなのだ。まあ、ようするにハイパーテクストな読み方をしているかぎり、読書行為に終わりはないし、常に新しい作家や作品を発見することにもつながるのである。

一九九七年七月

ある夏の奇跡

巽　孝之

昨年一九九七年の七月、金沢市で行なわれた国際ポピュラー音楽会議のために、ロック評論家として知られる畏友ポール・ウィリアムズが来日した。六十年代対抗文化に親しいかたには、この名は神格化されているだろう。しかし彼にはもうひとつ、文芸評論家としての顔があり、わたし自身が知り合ったのも、八二年にSF作家フィリップ・K・ディックが亡くなった直後、彼がその遺著管理人を務めるようになって以来のことだ。八月には東京の拙宅に泊まる機会もあったので、せっかくだからと八ヶ岳の別荘へも車を駆り、数日間、夏の高原をともに楽しんだ。最も衝撃的な「事件」が起こったのは、その時である。

日曜日の朝、付近唯一の商店街がある富士見町のコープを訪れたところ、やはり同地の別荘に避暑にきておられた土居健郎氏御夫妻とばったり再会したので、わたしは即座に一緒にいたポールをご紹介申し上げた。するといきなりポールの表情が一変し、おずおずとこう告げるではないか。「こんなところでお会いできるなんて、ほんとうに光栄です。『「甘え」の構造』は昔からぼくの聖書、土居先生は長い間ぼくの英雄でした」。

たしかに土居教授のベストセラー『「甘え」の構造』（弘文堂、1971）は、七三年にはもう〝The Anatomy of Dependence〟のタイトルで英訳版が出版されている。そもそも原著自体に、スポック博士の育児書とヒッピー文化との関連が詳細に分析されている。だが、じっさい同書に影響を受けて思想形成したフラワー・チルドレンの典型がこんなに身近にいるとは意外だった。わたしはさっそく書棚の奥から、大学時代に線を引きまくった『「甘え」の構造』を取り出し、ポールのディック研究をも取り出した。一夏の高原における奇跡的な遭遇が核爆発を起こし、ふたりの文筆家の著作を根本的に読み返す機会を与えてくれた。こんな経験は、いまどき滅多にない。

一九九八年四月

赤道書店への道

港　千尋

あれは確か、エクアドルの奥地、ペルーとの不鮮明な国境地帯がはじまる手前を旅しているときだった。アマゾン川のおそらく何千という支流が始まる、アンデス山脈の東側である。川を渡って次の町を目指しながら、蘭の見事な群生のなかを歩いていたところに、突然の雨が降ってきたのだった。いそいでカメラバッグを抱え、雨宿りのできそうな大木を探しながらウロウロしているところに、ちょうどいい具合に通りかかった四駆、親指を立てると愛想よく乗せてくれたのだ。運転していた若い男はロベルトと名乗り、コロンビアのボゴタから南下して、なんとアルゼンチンまで行く途中らしい。

彼はスペイン語の辞書の行商人なのだった。つまりコロンビアで辞書を仕入れ、アマゾンの奥地やアンデスの高地など、できるかぎり僻地を通って、小さな書店や学校や教会に辞書を売って歩くのだ。三カ月かけて故郷のブエノス・アイレスに到着する頃には、仕入れた分は確実に売れている。半年かけて往復すれば、残りの半年は遊んで暮らせるよ、と笑った。

スペイン語圏には国境はない。彼はブラジルをのぞいて、南米大陸のどんな田舎町にある本屋でも、正確に地図に書くことができた。どこに行けばどんな本を見つけられるかも教えてくれた。まるでボルヘスが若返って、アウトドア派になったみたいだ。そのロベルトが「一押し」と紹介するのが、エクアドルの首都キトにある、「アルモニア・ムンディ」だ。それほど大きくはないけれど、実に魅力的なタイトルが揃っていて、本のあいだには、アマゾンやアンデスのさまざまな地方で繰り広げられている環境保護運動のニュースレターが置かれ、週末にはポエトリー・リーディングやシンポジウムが、自然科学から文学まで幅ひろいテーマで開かれている。赤道直下の高地都市に「世界の和声」を響かせようという、その名を思い出すたび、密林のなかに蘭をみつけたときのような感動がよみがえる。

一九九八年八月

最後に残るのは本

多田智満子

昨年の九月、キューバの文化団体から招かれた数人の詩人のうちに加えてもらって、はじめてキューバを訪れる機会を得た。

その折、ハバナの図書出版協会でもらった雑誌の一つに、フィデル・カストロの写真が大きく載っていたので、ミーハー的なカストロ・ファンである私は、その雑誌を少し熱心にめくって見た。見たというのは文字通りの意味であって、全然スペイン語のできない私は、読むわけにいかなかったからだ。とはいってもラテン系の言語なので、ところどころわかる単語もあり、見出しなどは大体見当がついた。見当ちがいの見当かもしれないが。「インターネットは本の死か」などと、本を作る側としてはかなり悲壮な文句も見られたが、私がちょっとにっこりしてしまったのは、大きな活字でしるされたカストロの次のことばであった。

「最後に残るのは本だ。」

これはカストロの場合、「自分が死んでも、自分のことを書いた本は残る」という意味かもしれないし、「作家が死んでも作品は残る」かもしれないし、「いかにインターネットがはびこっても、書物は最後まで残る」ということかもしれない。あいにく私の語学力不足のため、どういう文脈で語られたのかよく分からないが、それだけにいろいろと自由な解釈ができて楽しい言葉であった。とくに、ここで「最後に」に相当する語がúltimoで、これは英語では「究極の」というニュアンスの強い語だから、私などは「本こそは究極のもの」と強引にねじ曲げて想像してみたりする。

カストロという政治家は、雄弁家としても相当なもので、民衆を前に、二時間以上も熱弁をふるって飽きさせない力をもっているが、さすがに齢《よわい》古稀を過ぎて、その長広舌も少し短くなったという話だ。ともあれ彼はたいへん本好きの読書家で、例の『百年の孤独』の作家ガルシア・マルケスなどとも親交がある。マルケスが次々と傑作を書いては贈呈するので、「おれを殺さないでくれ。読み出すと、つい徹夜してしまう」と言ったとか。これはキューバ行のまとめ役のラテン・アメリカ文学者田村さと子さんから聞いた話である。

一九九九年四月

この冬、この本

松浦寿輝

わたしの詩集『冬の本』（1987）は、「冬の本」という詩篇によって開かれ、「本の冬」という詩篇で閉じられる。冬の本から本の冬へ。手とまなざしが書物の最初のページから最後のページまで踏破する。その過程で、「の」という一字を軸にして二つの漢字がゆるやかに反転してゆき、反転しつくして、

「本のうえに
　こうして冬がおりてくる」

という最後の二行ですべての言葉の舞台に幕が引かれる。すべてが終ってみて、起こったことはただ、二つの文字が密やかに位置を

入れ替えただけのことではないか——と、たぶんわたしはそんな印象を与えたかったのだろうと思う。とにかくこれはそうした「本」だったわけだ。

ところで、こうした構成の選択へわたしを引き寄せたものは、「本」と「冬」という二つの漢字が形態的にそこはかとなく似通っているという点であった。二つともわたしの偏愛する漢字だが、左に右にと斜めに流れ落ちる線の動感がいかにも美しい。「木」や「水」もこの「本」の中に数多く書きつけられている文字であるが、こうした一連の表意文字は、なぜかわたしに、両腕をひっそり垂らし、俯き加減に立ちつくしている人物のシルエットを思わせる。

インターネット時代に入って書物という紙のメディアのアナクロニズムが語られることがときおりあるが、わたしにとって、「本」の空間はとっくのとうに廃墟化していたように思う。もちろん、廃墟とは例外なく美しいものだということを前提としたうえでのはなしだ。「本」を支配しているのは荒涼とした冬枯れの風景であり、その寥々としたさびしさに惹かれるということがなかったなら、わたしは書物のかたちで自分の詩をまとめてみたいなどとは絶えて思わなかったことだろう。書物の原料はパルプであり、つまり「木」であって、要するにわたしたちの手とまなざしは枯死した植物の死骸の上を撫でさすっているのだ。ネット上でのディジタル記号の戯れに不在のものは、この廃墟の魅惑であり、この植物的繊細さの感触であり、つまりはこの冬、この木、この本なのである。

二〇〇〇年一月

執筆者プロフィール

プロフィールはエッセイ初出時（各末尾に年・月を表記）のもの。年・月表記のないものは最近のものに修正。

「◎」は二〇二〇年一二月時点での追記

小松和彦（こまつ・かずひこ）
大阪大学文学部助教授。日本人の精神文化の深層を探る人類学・民俗学者。著書に『神々の精神史』『異人論』他がある。――一九八六年四月

坂村 健（さかむら・けん）
東京大学理学部情報科学科助手。電脳建築家。ノイマン型コンピュータの究極プロジェクトTRONの中心メンバーとして活躍中。――一九八六年五月

小野健一（おの・けんいち）
『アインシュタインの発想』、『時間・空間・物質』などを著す元東大教授。素粒子物理学を専攻。現在北里大学教授。◎二〇一〇年逝去――一九八六年六月

杉浦日向子（すぎうら・ひなこ）
稲垣史生氏のもとで時代考証を学んだ後、漫画に転出。主に江戸後期を舞台にした作品は、『ニッポニア・ニッポン』『ゑひもせす』『百日紅』などにまとめられている。最近は「路上観察学会」でも活躍。近々初のエッセイ集『江戸へようこそ』が刊行の予定。◎二〇〇五年逝去――一九八六年七月

佐々木 力（ささき・ちから）
『科学革命の歴史構造』で、学的ラディカリズムの号砲を放つ科学史家。プリンストン大学でT・クーン、M・マホーニィに師事。東京大学助教授。工作舎で準備中の『ライプニッツ著作集』で「数学論」を推進。◎二〇二〇年逝去――一九八六年八月

稲本正（いなもと・ただし）
立教大で原子物理学を専攻。理学部の助手時代、考えるところあって木工の世界へ転身。飛騨高山の工芸家たちの村〝オークヴィレッジ〟のリーダーとなる。年々、ここを訪れる若者が増えている。
——一九八六年九月

海野和男（うんの・かずお）
昆虫を追い昆虫を待ちぶせ、虫の惑星〝地球〟をめぐる写真家。写真集『昆虫の世界』『チョウの世界』、著書『自然観察12カ月』『日本のチョウ』『博物詩』（奥本大三郎氏との共著）などがある。一九四七年東京生まれ。——一九八六年一〇月

田中優子（たなか・ゆうこ）
近世をテーマにした出版がブームの中、他とは一線を画す快著『江戸の想像力』を上梓。ユーラシアの動向を見据えつつ、「俳諧化」というキーコンセプトを通じて江戸の体温に肉迫する。その重厚な内容展開と洒脱な文体で、早くも多くのファンから支持を集めはじめた。法政大学助教授（日本文学）。——一九八六年一一月

芹沢高志（せりざわ・たかし）
一昨年はエリッヒ・ヤンツの大作『自己組織化する宇宙』を翻訳出版。G・レオナード『サイレント・パルス』やK・ブラウアー『宇宙船とカヌー』などの翻訳も手がける。大学時代は数学や建築学を学び、現在フリーの環境計画家。三五歳。——一九八七年一月

奥村靫正（おくむら・ゆきまさ）
『チベットのモーツァルト』から『マイ・フェア・ブロードウェイ』まで、多数の本をデザインする。また、日本画を基調にアメリカン・グラフィック、コラージュや写真も自在にこなすグラフィック・デザイナー。自称〝東京画工〟。デザインスタジオ「スチューディオT・J」を率いる。——一九八七年二月

彌永信美（いやなが・のぶみ）
『幻想の東洋』でヘロドトスからトルーキンまで、縦横にイメージを馳せてオリエンタリズムの生成構造を明かす。パリ高等研究院で仏教学を学び、神秘思想から精神史にわたる評論活動を展開する。——一九八七年三月

コリーヌ・ブレ（Corinne Bret）
仏の日刊紙『リベラシオン』の特派員として、日本をベースにジャーナリスト活動を続ける。著作に『水中出産』『創造の国ジャポン』がある。現在、昨年一一月以来の仏・学生運動のルポを執筆中。——一九八七年四月

井村君江（いむら・きみえ）
先ごろ出版された著書『妖精の国』が好評。妖精学の第一人者は、どこか夢の国の雰囲気をただよわせる女性。東京大学大学院人文科で比較文学を専攻。ケンブリッジ大学客員教授を経て、現在、明星大学教授。『ケルトの神話』などの著書のほか、イエイツ『神秘の薔薇』、ブリッグス『妖精の国の住民』をはじめ、多数の翻訳を手がけている。——一九八七年五月

野崎昭弘（のざき・あきひろ）
国際基督教大学教授。専攻、情報数学。著書に『詭弁論理学』（中公新書）、『数学屋のうた』（白揚社）、共訳書に『ゲーデル、エッシャー、バッハ』（白揚社）等がある。現在、コンピュータが生みだした二次元世界をめぐるメタフィクション『プラニバース』を翻訳中。当舎より八八年刊行予定。——一九八七年六月

高山 宏（たかやま・ひろし）
東京都立大学助教授。専攻、英文学。著書に『アリス狩り』『目の中の劇場』『メデューサの知』（以上青土社刊）等。知の形態学＝エピステミックスに視点をすえ、文化の切り方のエロチシズムを様々に披露してくれる闊達な論客。次なるテーマは機械論とか。——一九八七年七月

奥井一満（おくい・かずみつ）
「生命の本体」を研究対象とするエソロジスト。『箱舟の末裔たち』『はみ出し者の進化論』『タコはいかにしてタコになったか』などの著書が多数。快適な自然環境を求めて、現在、箱根の強羅に移り住む。北里大学教授。◎二〇〇四年逝去——一九八七年九月

兼子正勝（かねこ・まさかつ）
マラルメを専攻し、マラルメの書物以前と以後を自在に往還する気鋭の仏文学者。バタイユ、マソン、バルト、ラカンから映画批評まで横断する文体

の典雅さには定評がある。当舎の『聖社会学』の共訳の仕事からクロソウスキー『ニーチェと悪循環』（哲学書房より近刊）『マラルメ全集』（筑摩書房より近刊）と継走、好きな映画の評を書けないのが悩みのたね。現在、電気通信大学助教授。――一九八七年一〇月

田隅本生（たすみ・もとお）
比較解剖学、脊椎動物学、進化学を専攻し、これらをわが国に根づかせようと努める動物学者。進化思想史にも関心が深く、特にフォン・ベーア、ヘッケルから井尻正二、グールドらにいたる個体発生・系統発生関係論に執着する。訳書にコルバート『脊椎動物の進化』、ホールステッド『脊椎動物の進化様式』、グールド『パンダの親指』（筆名で）など。現在、京都大学理学部助教授。◎二〇一二年逝去――一九八八年二月

松山 巖（まつやま・いわお）
江戸川乱歩の街・一九二〇年代の東京の貌を凝視した『乱歩と東京』（パルコ出版）で第三八回推理作家協会賞・評論その他部門受賞。二〇世紀初めの建築や都市環境を慕う建築家。『まぼろしのインテリア』（作品社）、『世紀末の一年』（朝日新聞社）などの著書も好評。生粋の東京人。――一九八八年四月

管 洋志（すが・ひろし）
一九四五年福岡県福岡市生まれ。一九六八年日大芸術学部写真学科卒業。アジアを中心に世界を駆けるスピリチュアル・フォトグラファーとして活躍中。写真集として『博多祇園山笠』『上海酔眼』『アジア・夢幻行』などがある。『バリ・超夢幻界』ではライアル・ワトソンとのコラボレーションを実現。第六回土門拳賞受賞。◎二〇一三年逝去――一九八八年六月

梶川泰司（かじかわ・やすし）
一九五一年生まれ。アメリカのフラー研究所で生前のバックミンスター・フラーのもと、シナジェティクスを研究。フラー精神を継ぎ、モデルの案出・制作等を通じてシナジェティクス理論を発展させる。この秋から広島でシナジェティクス研究所を開設。ワークショップをはじめとした活動をスタートする。八九年工作舎より刊行予定の『フラーの宇宙幾何学』（仮題）では監修を担当。――一九八八年九月

由良君美（ゆら・きみよし）
東京大学教養学部教授・専攻英文学。幻想文学からロマン派、世紀末、内外の前衛・理論派まで守備範囲は広い。著書は『ディアロゴス演戯』（青土社刊）他多数。現在、博物学的想像力を巡る名著、E・シューエルの『オルフェウスの声』を翻訳中、工作舎より刊行予定。◎一九九〇年逝去──一九八八年一〇月

長谷川憲一（はせがわ・けんいち）
五年の出版社勤務の後、三五年の印刷所勤務で手がけた書籍は三〇〇〇点余。消えゆく活版印刷の感触にこだわり、活字清打ちオフセットの新方法を開発。『ライプニッツ著作集』では杉浦康平ADの精緻なデザイン指定に職人スピリットで呼応する。同人誌『文游』に執筆中。心強い「本の味方」。一九三二年生まれ。◎二〇一三年逝去──一九八八年一二月

渡辺政隆（わたなべ・まさたか）
東京大学農学系研究科博士課程修了後、進化生物学を主軸に、研究、評論、エッセイ、翻訳など多彩な活動を展開するナチュラリスト。ハーヴァード大学の異才、スティーヴン・ジェイ・グールドに関しては、大著『個体発生と系統発生』（工作舎）の翻訳を完遂して、情感の機微にいたるまで血肉化。最新刊『ニワトリの歯』（上下・早川書房）で再び旋風を巻きおこしている。次作は再度工作舎から『時間の矢・時間の環』（仮）の予定。──一九八八年一二月

木村龍治（きむら・りゅうじ）
実験研究のかたわら、書き進めた著書は『流れの科学』（東海大学出版）と『流れをはかる』（日本規格協会）の二冊。どちらも読者と自然の距離をグンと近づけ、その背景に冷静な科学者の眼をとらえることができる。東京大学で地球物理学科へ進み気象学を専攻。現在、東京大学海洋研究所助教授・理学博士。一九四一年東京生まれ。──一九八九年三月

山田脩二（やまだ・しゅうじ）
七年前、写真家《カメラマン》から瓦師《カワラマン》へ。淡路島に移り住んで本格的に淡路粘土瓦づくりに取り組むため、「山田脩二淡路かわら房」を設立した。活躍中の建築家などと組んで、東京世田谷「用賀プロムナード」の「いらかみち」や伊豆・松崎町の「長八美術館」などの敷き瓦の制作を担当。淡路粘土瓦の味わい

が見直されている。一九三九年兵庫県生まれ。――一九八九年四月

池内 紀（いけうち・おさむ）
『カフカ短篇集』『ホフマン短篇集』（岩波文庫）などを翻訳・編集するドイツ文学者。一方、日本の温泉についてのエッセイ集『温泉百話』（ちくま文庫）を種村季弘氏とともに編集するなど活動の幅は広く自在。八八年末出版された奇想天外な物語『香水』（文藝春秋）は、物語の面白さとその名訳ぶりが注目を集め、いまベストセラー。著書に『ウィーンの世紀末』『ことばの演芸館』（白水社）、『私の人物博物館』などがある。なおかつ東京大学助教授。さぞかし多忙と思いきや、「午前一〇時には、その日の仕事は終わってしまいます!?」一日を二日分にする術を心得ている。一九四〇年姫路市生まれ。◎二〇一九年逝去――一九八九年五月

鎌田東二（かまた・とうじ）
一九五一年徳島県生まれ。國學院大學卒。國學院大學講師。専攻は宗教学、神道学、日本精神史。「霊的なるもの」に対する柔軟なアプローチが多くの支持者を集める。この夏は東南アジアへの〝散歩〟を計画。著書に『神界のフィールドワーク』（青弓社）『水神伝説』（泰流社）『りしゅのえろす』（メタモルフォーゼ社）『翁童論』（新曜社）他がある。近刊は『場所の記憶』（岩波書店）。――一九八九年七月

藤原惠洋（ふじわら・けいよう）
日本・アジアをフィールド・ワーク、その近代化の意味を探る建築史家。〝都市の記憶〟を未来につなぐ。「能ミソも筋肉だ」――恩師・藤森照信氏の言葉はまさに天啓。知性×体力で過剰な活動範囲をカバーする。路上観察で鍛えた目を『アジアの都市と建築』（共著・鹿島出版会）、『上海――疾走する都市』（講談社現代新書）に結実。さらに〈建築〉から〈デザイン〉へ、日常生活を研究現場にするため、現在は千葉大学工学部意匠論・意匠史研究室に所属。東京藝術大学建築理論修士課程、東京大学建築学博士課程修了。一九五五年生まれ。――一九八九年九月

森 毅（もり・つよし）
関数解析専攻の京都大学教養部教授。あるときは異貌のエッセイスト一刀斎として、あるときは脱領

域の書評委員として、はたまた意表をつく出版企画の編者としての縦横自在な活躍ぶりは止まることを知らない。この秋にも『指数・対数の話』(東京図書)、『一刀斎の古本市』(日本評論社)、『ほんにゃら数学のすすめ』(青土社・以上いずれも仮題)をはじめ、筑摩書房から『文学の森』につづいて『哲学の森』(共編)シリーズが相ついで刊行予定。
◎二〇一〇年逝去――一九八九年一〇月

根本順吉(ねもと・じゅんきち)
気象研究家。目下の関心は気候変動論、気象学史に向く。異常気象問題は、一九六三年一月、世界に先がけ、それが文字通り地軸をゆるがす大変動であることをみつけて以来、ずっとこだわり続けている。気象に関する著書は多数あり、近著は『熱くなる地球』(文春ネスコ・ブックス)、『地球に何がおきているか』(筑摩書房)がある。講演や対談企画なども多く、生前の新田次郎と交わした気候学についての話は『病める地球、ガイアの思想』(朝日出版社)にまとめられている。◎二〇〇九年逝去――一九八九年一一月

松田隆智(まつだ・りゅうち)
一九三八年、愛知県生まれ。幼少より武道の修行を志し、やがて中国武術の研究に専念する。しかし「武術家」との意識はなく、武術における人対人の闘争を超越した先には、宇宙との調和が待っているとかたくなに信じている。が、「実際にそうであるかは不明」とか。著書に『図説・中国武術史』(新人物往来社)、『中国武術』(新人物往来社)、『謎の拳法を求めて』(東京新聞出版局)、『陳家太極拳・老架式』(新星出版社)などがある。現在、修行体験に基づいた劇画『拳児』(少年サンデー、小学館)の原作を執筆中。◎二〇一三年逝去――一九八九年一二月

加藤幸子(かとう・ゆきこ)
北海道、札幌に生まれ、北大農学部を卒業。農林省農業技術研究所、日本自然保護協会に勤めた経験をもち、現在、自然観察会代表。少女時代に約六年間滞在した中国を舞台とする小説『夢の壁』で一九八三年、芥川賞受賞。他に『わが町東京野鳥の公園奮闘記』をはじめとし、植物や野鳥を題材にした著作も多い。東京都公園審議会委員、妻であり、母であり、気鋭の女流文学者でもある彼

女の周辺には、いつも凛とした空気がある。——一九九〇年一月

夢枕 獏（ゆめまくら・ばく）

〝宇宙とは何か?〟との問いを原動力に、活字と空間を冒険するSF作家。プロレスの熱狂的ファンとしても有名。一〇年余をかけた大作『上弦の月を喰らう獅子』で一九八九年〈日本SF大賞〉を受賞した。「学問も表現である」という発想から、『ブッダの方舟』（河出書房新社）では、〝知のパフォーマー〟中沢新一氏と対談。空海から宮沢賢治まで、仏教を軸に科学・思想・宇宙論を繰り広げ、「ハードボイルドSF作家」の新境地を見せてくれた。一九五一年小田原生まれ。——一九九〇年二月

養老孟司（ようろう・たけし）

一九三七年鎌倉生まれ。現在、東京大学医学部教授。専門の解剖学以外にも、形態学、発生学、進化論、哲学……と興味の幅は広い。昨年、人間の脳内過程についての考察をまとめた『唯脳論』を世に問い、その立場から人間の思考そのもののパターンを解き明かそうとしている。さらに最近ではこの考えを推し進め、言語の問題にまで迫る。その他の著作には、脳内過程についての小論文を集めた『脳の中の過程』、形態学の立場から現代のさまざまな生物学の問題を論じた『ヒトの見方』『形を読む』など多数。——一九九〇年三月

八杉龍一（やすぎ・りゅういち）

C・ダーウィン『種の起源』を翻訳、ダーウィンについて、またその進化論研究の第一人者として知られる生物学者、科学史家。東京大学理学部を卒業後、東京工業大学教授、早稲田大学教授などを歴任。七八歳の現在も大学や市民セミナーの講師として活躍する。著書は『進化論の歴史』『生命論と進化思想』『ダーウィンを読む』（以上、岩波書店）など多数。父はロシア文学者の八杉貞利。一九一一年東京生まれ。◎一九九七年逝去——一九九〇年五月

矢川澄子（やがわ・すみこ）

一九三〇年、東京生まれ。東京女子大学、学習院大学、東京大学に学び、現在、詩作、著作、翻訳に従事。著書は小説『兎とよばれた女』（筑摩書房）、詩集『ことばの国のアリス』（現代思潮社）、エッセイ『野溝七生子というひと』（晶文社）、訳書

はL・キャロル『不思議の国のアリス』（新潮社）など多数。近々、訳書『鏡の国のアリス』と森茉莉に関するエッセイ集を刊行予定。長野県黒姫在住。◎二〇〇二年逝去――一九九〇年六月

富山太佳夫（とみやま・たかお）

一九四七年、鳥取県に生まれる。七〇年、東京大学英文科卒業。七三年、同大学大学院修士課程修了。現在、成城大学助教授、英文学専攻。著書に『テキストの記号論』『方法としての断片』（以上南雲堂）、訳書にマチューリン『放浪者メルモス』（国書刊行会）、シービオク『シャーロック・ホームズの記号論』（岩波書店）、ソンタグ『隠喩としての病い』『エイズとその隠喩』（以上みすず書房）、フランツ『世界創造の神話』（共訳、人文書院）などがある。ギリアン・ビア『ダーウィンズ・プロット』、C・E・ラセット『セクシャル・サイエンス』の二冊が弊舎より刊行予定で翻訳進行中。――一九九〇年七月

林　一（はやし・はじめ）

一九三三年、台北市に生まれる。立教大学理学部物理学科卒業。現在、昭和薬科大学教授。理論物理学専攻。著書に『薬学のためのアリバイ工作』（海鳴社）、訳書に『宇宙の未来はどうなるか』（岩波書店）、『素粒子の発見』（みすず書房）、『ゲーデル、エッシャー、バッハ』（白揚社）、『ホーキング、宇宙を語る』（早川書房）などがある。現在、科学技術論から見た中国医学に関心があり、その分野の著作として『気の医学（仮題）』（ダイヤモンド社）、『中医学の話（仮題）』（朝日新聞社）が今秋刊行予定。――一九九〇年八月

三浦清宏（みうら・きよひろ）

現在、明治大学工学部教授。英米文学を専攻する。一九八七年「長男の出家」を著して芥川賞を受賞、小説家としても多忙な日々を送る。東京大学英文科に在学中の一九五二年に渡米、カリフォルニア州サン・ノゼ大学を卒業、アイオワ州立大学創作課程修了。心霊主義や禅に興味をいだき、心霊協会に入会した時の体験を『イギリスの霧の中へ』(1983)と題して綴っている。他に『宇宙の旅人』『文学修行』などがある。一九三〇年生まれ。――一九九〇年九月

垂水雄二（たるみ・ゆうじ）

出版社に勤務し、百科辞典や自然科学書などの編

集に携わる。著書に『やぶにらみ生物学』（エーコン）があり、訳書にC・M・スキナー『花の神話と伝説』（共訳・八坂書房）、G・ブロイアー『社会生物学論争』（どうぶつ社）、C・マーチャント『自然の死』、L・アイズリー『ダーウィンと謎のX氏』（工作舎）などがある。現在、"Darwin Without Malthus"の翻訳に取り組む。京都大学時代は動物学を専攻。一九四二年生まれ。——一九九〇年一〇月

宮下志朗（みやした・しろう）

一六世紀のリヨンの書物と社会をテーマとする著書『本の都市リヨン』（晶文社）により第一七回大仏次郎賞を受賞。共訳書にN・デーヴィス『愚者の王国　異端の都市』『古文書の中のフィクション』（平凡社）、L・フェーヴル＋H・マルタン『書物の出現』（筑摩書房）、『大航海時代叢書II・20』（岩波書店）などがある。東京大学で仏文学を専攻し、現在、東京都立大学助教授。一九四七年東京生まれ。——一九九〇年一一月

三宅理一（みやけ・りいち）

パリ、ストラスブール、江戸……都市に生成する〈隠された力〉が生みだした建築物を意味づける建築史家。現場主義、直感主義が信条、世界各地をフィールドワークして多忙な日々を送る。著書に『世紀末建築』（全六巻、講談社）、『エピキュリアンたちの首都』（学藝書林）、『マニエリスム都市』（平凡社）、『江戸の外交都市』（鹿島出版会）など。現在は『世紀末空間』（全七巻、講談社）を執筆中。東京大学工学部卒業後、同大大学院を経て、エコール・ボザール、パリ大学に学ぶ。芝浦工業大学教授。一九四八年生まれ。——一九九〇年一二月

池澤夏樹（いけざわ・なつき）

三年間のギリシア滞在が生んだのは、都市生活者の視線で自然と交感する、もうひとつの都市小説。短編集『スティル・ライフ』（中央公論社）により、一九八七年度芥川賞受賞。主著に、詩集『ギリシアの誘惑』（書肆山田）、長編『夏の朝の成層圏』（中央公論社）、エッセイ集『見えない博物館』（小沢書店）、また訳書に『ヒロシマを破滅させた男オッペンハイマー』（白水社）などがある。埼玉大学理工学部物理学科中退。一九四五年北海道生まれ。最新作は、本と読書をめぐるエッセイ集『読書癖I』（みすず書房）。——一九九一年二月

池上俊一（いけがみ・しゅんいち）
西洋中世史を専攻し、『中世の歴史観と歴史記述』『動物裁判』を著す。ジャンルにこだわらず自在で広範な視角が、新たな活気ある歴史物語を現出させる。異端宗教や狼男の歴史も課題だ。一九五六年生まれ。東京大学で西洋史学を学んだのち、フランス国立社会科学高等研究院に留学。現在、横浜国立大学教育学部助教授。──一九九一年六月

横山正（よこやま・ただし）
世界を駆け巡り、古今東西の建築や庭園を研究対象とする建築史家にして建築家。また、その成果を日本各地の新しい場所づくりに生かすプロデューサーでもある。著書は『透視画法の眼』『箱という劇場』『ヨーロッパの庭園』など。東京大学教養学部教授。──一九九一年八月

石田秀実（いしだ・ひでみ）
著書『気流れる身体』は、中国の道教と伝統医学を通して、囲いとしての「自己」を超え、本来の「流れる身体」観を説き明かす。また、編訳書に『黄帝内経研究叢書』、『難経解説』などがある。早稲田大学法学部を卒業後、東北大学大学院で中国思想を学ぶ。現在、九州国際大学法経学部助教授。一九五〇年生まれ。◎二〇一七年逝去──一九九一年一〇月

高橋義人（たかはし・よしと）
一九四五年生まれ。慶應義塾大学大学院博士課程修了。現在は京都大学教養部助教授としてドイツ文学を専攻する。著書に『形態と象徴──ゲーテと「緑の自然科学」』、訳書にボルノー『ディルタイとフッサール』、ゲーテ『自然科学論』（共訳）などがある。また「ゲーテと自然科学」をテーマとする雑誌『モルフォロギア』の編集委員としても活躍中。──一九九一年一一月

鶴岡真弓（つるおか・まゆみ）
多摩美大・芸術人類学研究所所長・大学美術館館長。芸術文明史家。ケルト芸術文化&ユーロ＝アジア生命デザイン研究。早大大学院終了後アイルランド留学。主著『ケルト／装飾的思考』『ケルト再生の思想：ハロウィンからの生命循環』（河合隼雄学芸賞）『装飾する魂』『ケルトの魂』『ケルト

の歴史（共著）』『すぐわかるヨーロッパの装飾文様』『ケルトの想像力』等多数。訳書『ケルズの書』（岩波書店、創元社）他。NHK「チコちゃんに叱られる」他、映画『地球交響曲第一番』（龍村仁監督）でアイルランドの歌姫エンヤと共演。

澤井繁男（さわい・しげお）
作家、イタリア文学研究家。著書に『ユートピアの憂鬱――カンパネッラ〈太陽の都市〉の成立』（海鳴社、1985）、『魔術の復権――イタリア・ルネサンスの陰と陽』（人文書院、1989）、『ガリレオの斜塔』（共訳、共立出版、1987）など。訳書にデッラ・ポルタ『自然魔術』（青土社、1990）、カンパネッラ『ガリレオの弁明』（工作舎、1991）などがある。最新作としては、人工透析から腎移植にいたる実体験を小説に綴った「実生《みしょう》の芽」を『三田文学』（1992春号）に発表。――一九九二年五月

藤幡正樹（ふじはた・まさき）
東京芸術大学デザイン科で学ぶころからフィルムアートに興味を深め、独自の作品を創る。八三年、国際的なコンピュータグラフィックス部会SIGGRAPHの"Film Show"にて、作品『Mandala 1983』がCG部門グランプリを受賞。CGアーティストとして注目を集め、TV番組の演出なども手掛ける。現在、慶應義塾大学環境情報学部助教授。九二年の展覧会"Inter Communication '92 脱着するリアリティ"が好評を得る。――一九九二年九月

笠原敏雄（かさはら・としお）
早稲田大学心理学科を卒業後、精神分裂病の心理療法を続け、現在は心身症の心理療法に従事しながら、超心理学の世界的動向をとらえる。著書に『超心理学ハンドブック』（ブレーン出版）、編著書に『サイの戦場』（平凡社）などがある。また海外の文献紹介に積極的に取り組み、『虫の知らせの科学』（叢文社）、『マジカル・ヒーラー』（工作舎）、『サイ・ババの奇蹟』（技術出版）など訳書も多数。一九四七年生まれ。――一九九二年一一月

西村三郎（にしむら・さぶろう）
一九三〇年、青森県弘前市出身。海洋生物学を専攻するフィールド・バイオロジストとして海洋観測を行うかたわら、一八、一九世紀の探検博物学者たちの生涯に深い関心を寄せてきた。京都大学理学部卒、現在、同大学教養部教授。著書に『地球の

海と生命』（海鳴社）、『動物の起源論』（中央公論社）、『未知の生物を求めて』（平凡社）、『リンネとその使徒たち』（人文書院）などがある。◎二〇〇一年逝去——一九九三年一月

佐倉 統（さくら・おさむ）

一九六〇年、東京に生まれる。東京大学文学部心理学科卒、京都大学大学院理学研究科博士課程を単位取得退学。一九九二年同大学理学博士。現在、横浜国立大学経営学部助教授。進化生物学、行動生態学、科学論が主な関心領域。著書に『現代思想としての環境問題』（中公新書）、『動きはじめた人工生命』（同文書院・近刊）がある。——一九九三年一〇月

布施英利（ふせ・ひでと）

一九六〇年、群馬県に生まれる。東京芸術大学美術学部を卒業。現在、東京大学医学部助手（養老孟司研究室）。「脳」と「死体」をキーワード、キービジュアルとした批評活動を精力的に展開中。著書に『脳の中の美術館』（筑摩書房）、『電脳美学』（筑摩書房）、『死体を探せ！』（法蔵館）、『アジアの形を読む』（共著・工作舎）などがある。最新作は『電脳的』（毎日新聞社）。——一九九四年六月

谷川 渥（たにがわ・あつし）

一九四八年生まれ。東京大学大学院博士課程修了。美学専攻。現在、國學院大学文学部教授。斬新な視点から多面的に芸術論を展開する。最新作『鏡と皮膚』（ポーラ文化研究所）では神話を媒介に〈表層〉の読解を深化させた。他に、『形象と時間』（白水社）、『表象の迷宮』（ありな書房）、『美学の逆説』（勁草書房）などの著書がある。——一九九四年九月

小林健二（こばやし・けんじ）

一九五七年、東京生まれ。様々な素材や技法を用いた造形はもとより、詩作など多岐にわたるジャンルから挑戦を続ける気鋭のアーティスト。当舎刊行の『自然学曼陀羅』と『周期律』の表紙オブジェは氏の作品。宇宙に馳せる想い、鉱物に寄せるまなざし……。理科系少年の夢を昇華させた作品は、驚きと懐かしさと至福感を呼び覚ます。——一九九五年三月

桐島ノエル（きりしま・のえる）

一九六五年横浜生まれ。作家、桐島洋子氏の次女。執筆、翻訳、司会活動など多彩に活躍中。雑誌「クレア」でホリスティック医学体験ルポを連載したことから精神世界に目覚め、読書も瞑想代わりとか。最新作は、『もっと素敵なキスのために』（NTT出版）の翻訳。――一九九五年七月

西垣 通（にしがき・とおる）

一九四八年、東京生まれ。明治大学教授。東大で情報工学を学んだ後、ひろく諸学の領域をめぐって思索を深めている。一九九一年『デジタル・ナルシス』でサントリー学芸賞、一九九五年『マルチメディア』でテレコム社会科学賞を受賞。――一九九六年一月

大鹿智子（おおしか・ともこ）

広告や雑誌などで幅広く活躍するイラストレーター。鮮やかな色彩と大胆な線で、のびやかに人間たちを描く。作品集に『大鹿智子作品集』（リブロポート）、絵本に『ふしぎなあかいぼうし』（ポプラ社）がある。四月発売の絵本ノート『ミドリちゃんとフシギの木』（工作舎）でもイラストを担当。そこには見るものを楽しくさせる魔法が潜んでいる。――一九九六年四月

中村桂子（なかむら・けいこ）

一九三六年生まれ。生命誌研究館副館長。常に第一線の研究生活を続けながら一男一女を育てあげ、近年娘友子との共訳も増えた。『お母さん、ノーベル賞をもらう』（工作舎）もその一つ。立場を同じくする女性科学者たちへのまなざしが優しい。――一九九六年一二月

鹿島茂（かしま・しげる）

一九四九年、横浜生まれ。共立女子大学教授。『馬車が買いたい！』（白水社）でサントリー学芸賞を受賞。専門は一九世紀フランス文学から社会と幅広い。主な著書に『絶景、パリ万国博覧会』（河出書房新社）、『「パサージュ論」熟読玩味』（青土社）など。挿絵本に魅了されて高じた洋古書蒐集病は止まることを知らず、その快楽と地獄を綴った『子供より古書が大事と思いたい』（青土社）は絶妙！ 作品社から『明日は舞踏会』が近刊予定。――一九九七年四月

風間賢二（かざま・けんじ）

一九五三年、東京生まれ。澁澤龍彦に触発されて幻想文学からアンチリアリズム小説、ホラー系などあまたの海外文学を紹介する翻訳家・文芸批評家。自他とも認めるスティーヴン・キングNo・1ファン。主な著書に『スティーヴン・キング——恐怖の愉しみ』（筑摩書房）、『ダンスする文学』（自由国民社）、編著に『ヴィクトリア朝空想科学小説』（ちくま文庫）など。——一九九七年七月

巽 孝之（たつみ・たかゆき）

一九五五年東京生まれ。コーネル大学大学院博士課程修了（Ph.D., 1987）。現在、慶應大学文学部教授。著書『サイバーパンク・アメリカ』で一九八八年度日米友好基金アメリカ研究図書賞、『ニュー・アメリカニズム——アメリカ文学思想史の物語学』（青土社）で一九九六年度福沢賞受賞。その他、編訳書に『アヴァン・ポップ』（筑摩書房）、『この不思議な地球で』（紀伊國屋書店）、編著に『身体の未来』（トレヴィル）、『物語のゆらめき』（南雲堂）など。『めくるめきの芸術工学』（工作舎）でも電脳空間の眩惑を論じる。——一九九八年四月

港 千尋（みなと・ちひろ）

一九六〇年、神奈川県生まれ。早稲田大学政治経済学部卒業。八五年よりパリを拠点に写真家、批評家として活動。現在、多摩美術大学美術学部助教授。九六年、『記憶——「創造」と「想起」の力』（講談社選書メチエ）はサントリー学芸賞受賞。今年は『写真という出来事——クロニクル 1988–1994』（河出書房新社）、『映像論——〈光の世紀〉から〈記憶の世紀〉へ』（NHKブックス）を相次いで刊行、メディアアート作品「記憶の庭」も話題。写真に呼び覚まされた記憶をめぐり、思考は深く深く、人間の根源を問う。——一九九八年八月

多田智満子（ただ・ちまこ）

詩人・エッセイスト。一九九八年『川のほとりに』（書肆山田）で第16回現代詩花椿賞受賞。『森の世界爺』（人文書院）、『鏡のテオーリア』（ちくま学芸文庫）、『神々の指紋』（平凡社ライブラリー）など、詩人のまなざしで綴るエッセイは定評がある。ユルスナール『ハドリアヌス帝の回想』（白水社）、マルセル・シュウォッブ『少年十字軍』（王国社）など優れた訳書も多数。英知大学フランス語フランス文学科教授の顔も持つ。◎二〇〇三年逝去——一九九九年四月

松浦寿輝（まつうら・ひさき）

一九五四年東京生まれ。東京大学教授。表象文化論・フランス文学専攻。詩人、映画批評家、小説家の顔をあわせ持つ。九九年春、短編集『幽《かすか》』（講談社）が芥川賞候補作となり、話題を呼ぶ。主な著書は『エッフェル塔試論』（筑摩書房、吉田秀和賞）、『折口信夫論』（太田出版、三島由紀夫賞）、『知の庭園』（筑摩書房）ほか。本文のテーマ『冬の本』は青土社から刊行された第二詩集で、高見順賞を受賞した。この詩を主題にした朗読パフォーマンスをプロデュースし、九八年、東京大学キャンパス・プラザの落成記念に上演。その解説を「季刊・本とコンピュータ」九九年秋号に寄せている。——

二〇〇〇年一月

土星紀「標本箱」グラフィティ

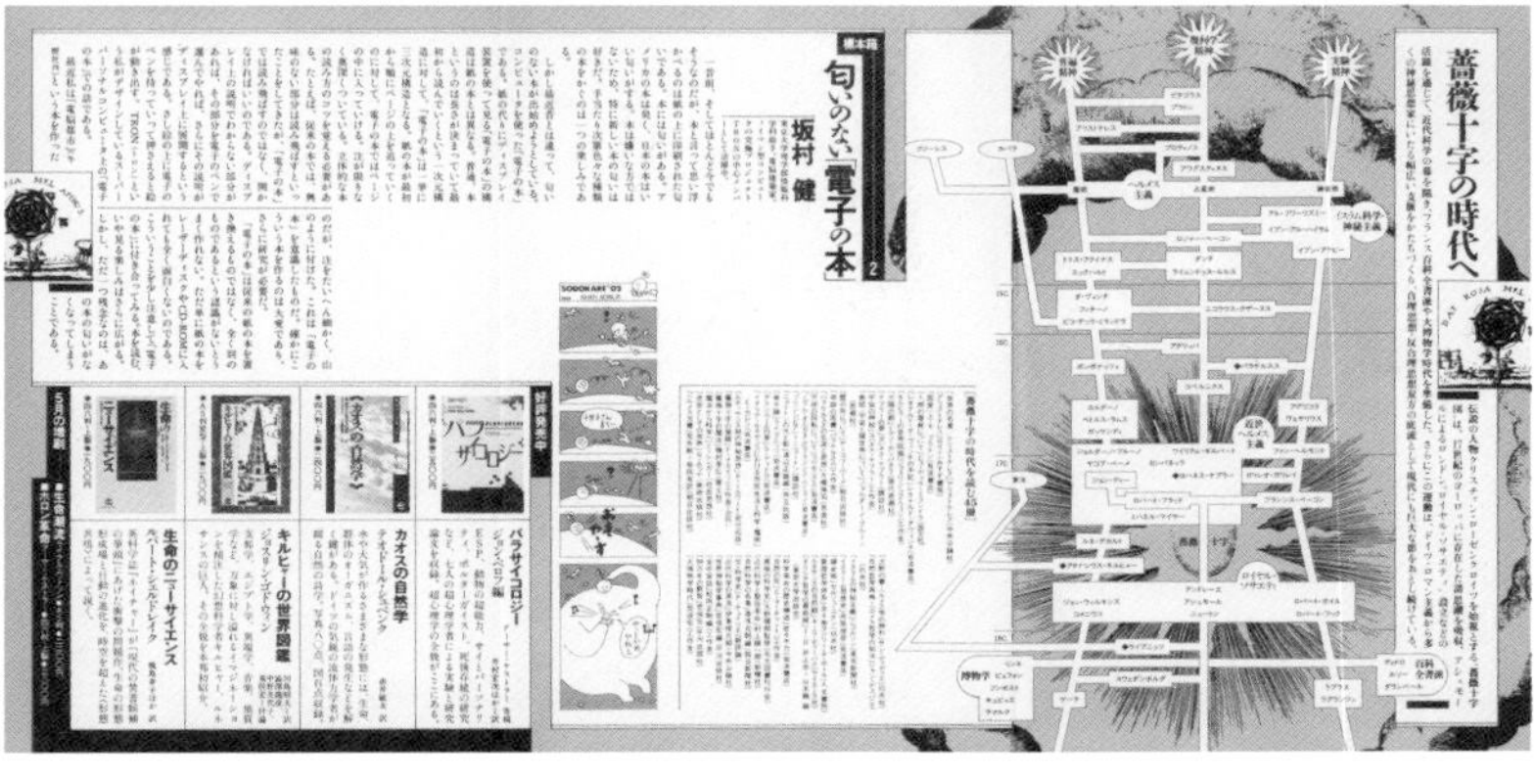

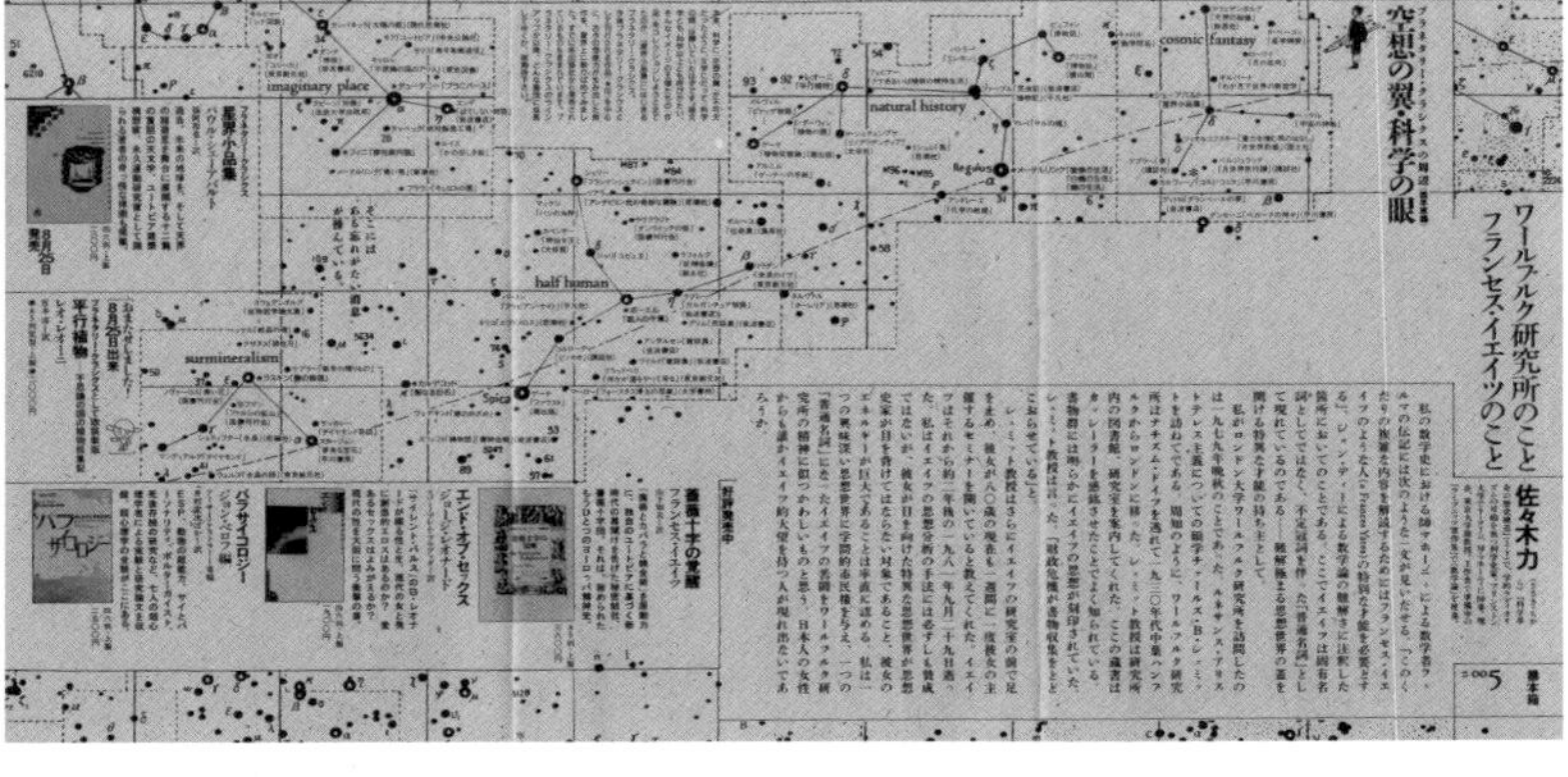

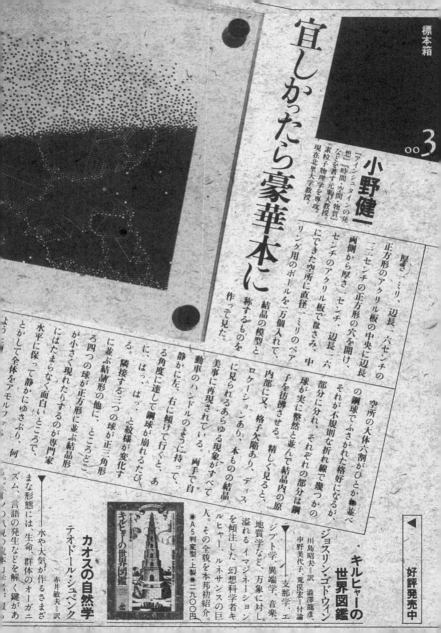

宜しかったら豪華本に

小野健一
「アインシュタインの発想」「時間・空間・物質」などを著す元東大教授。素粒子物理学を専攻。現在北里大学教授。

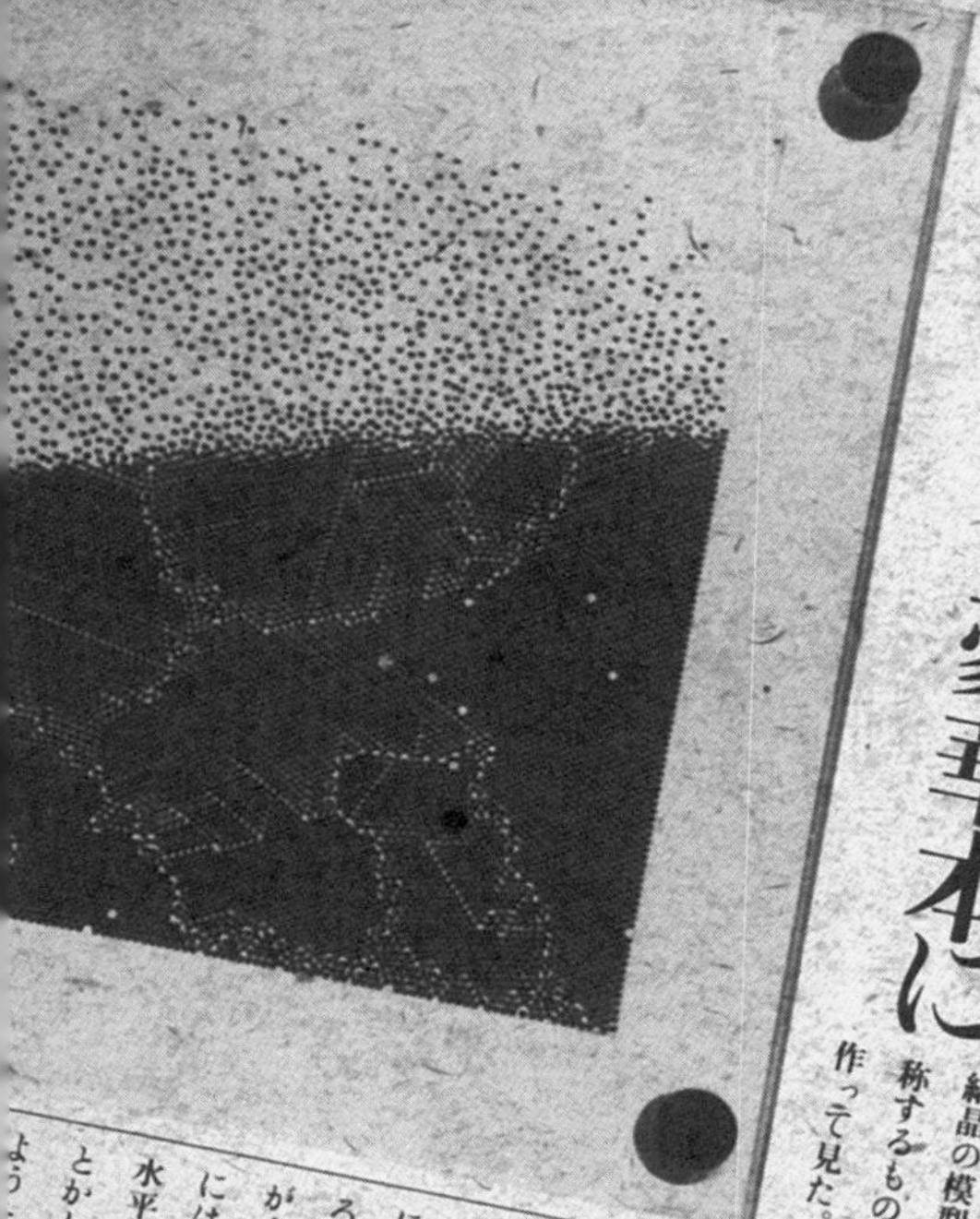

厚さ一ミリ、辺長一六センチの正方形のアクリル板の中央に辺長一二センチの正方形の穴を開け、両側から厚さ一センチ、辺長一六センチのアクリル板ではさみ、中にできた空所に直径一ミリのベアリング用のボールを一万個入れて、結晶の模型と称するものを作って見た。

空所の大体六割がひとかわ並べの鋼球でふさがれた格好になるが、それが不規則な折れ線で幾つかの部分に分れ、それぞれの部分は鋼球が実に整然と並んで結晶内の原子を彷彿させる。精しく見ると、内部に又、格子欠陥あり、ディスロケーションあり、本ものの結晶に見られるあらゆる現象がすべて美事に再現されている。両手で自動車のハンドルのように持って、静かに左、右に傾けて行くと、ある角度に達して鋼球が崩れるたびに、ぱっ、ぱっ、と紋様が変化する。

隣接する三つの球が正三角形に並ぶ結晶形の他に、ところどころ四つの球が正方形に並ぶ結晶形が小さく現れたりするのが専門家にはたまらなく面白いところで、水平に保って静かにゆさぶり、何とかして全体をアモルフ

…りがない。

そんなところへ、編集長の十川治江さんがぶらりとやって来た。工作舎は環状六号線沿い、東大教養学部とは背中合わせのところにあるので、気分転換に構内でも散歩なさっているところだったのであろう。早速お見せしたのだが、「豪華本の装幀に使えないかしら」という彼女の感想が意表を突いた。流石に専門家、透明な表紙、動く表紙、変化する表紙とは斬新である。遊びのあるところがポスト・モダンで面白い。こんな装幀の第一号はぜひ工作舎で出して頂きたい。宜しかったら、私の「歌集」でもこんな装幀の第一号になさっては。

…でたっても

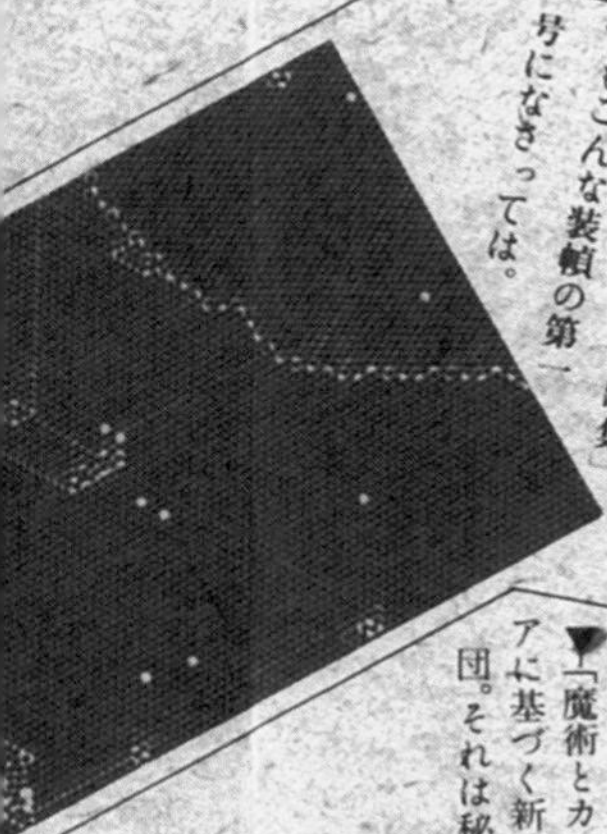

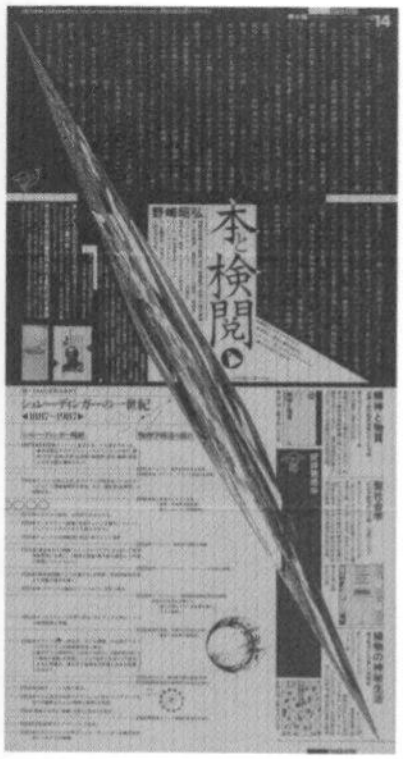
本と検閲
シュレーディンガーの一世紀

わかる本
知る本
好きな本

いっしょに暮らしたい本

子供が盗んだ「チャップ・ブック」
Chap Books

本の代謝

マラルメの反―書物

最初の読者

ショーペンハウアーの読書論

本の風合い

一を識り十を「見る」

海外旅行には、

本を
少年

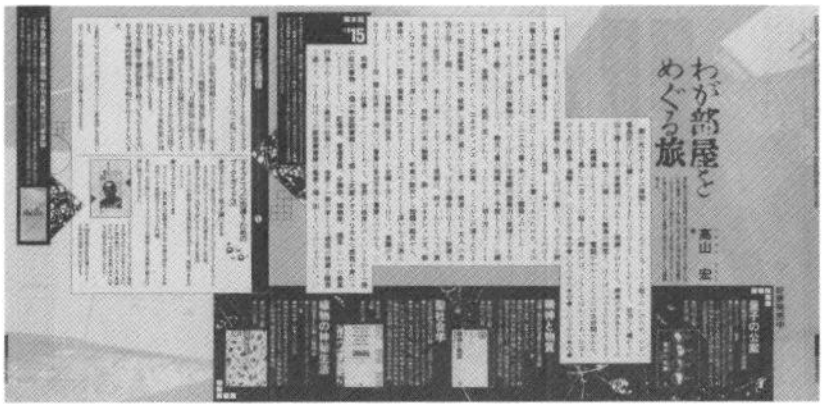

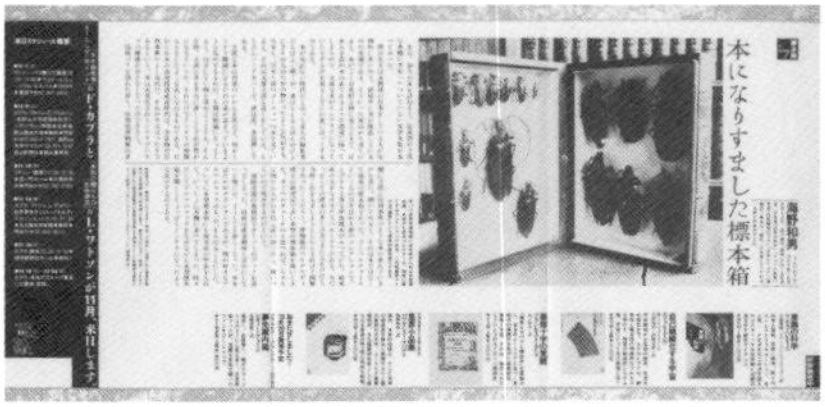

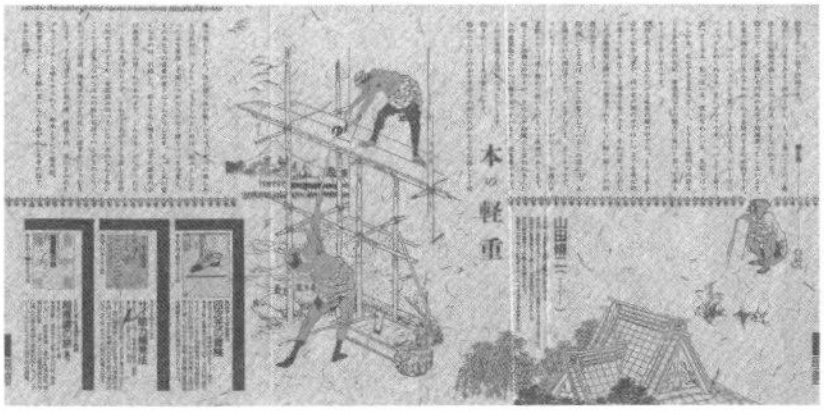

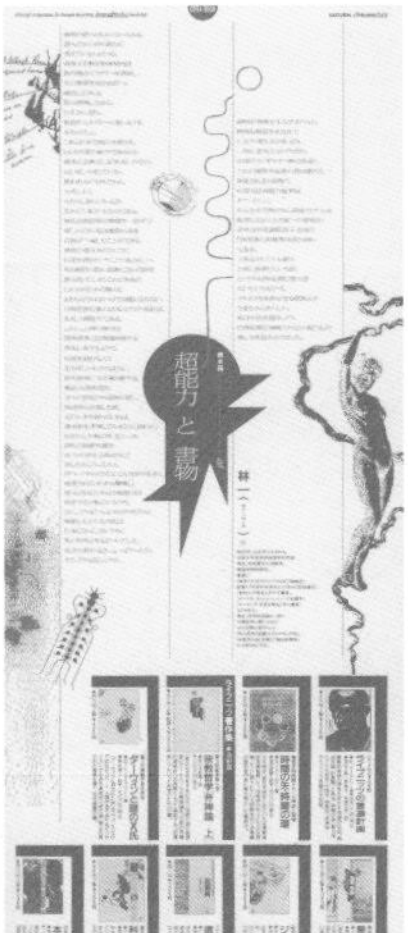

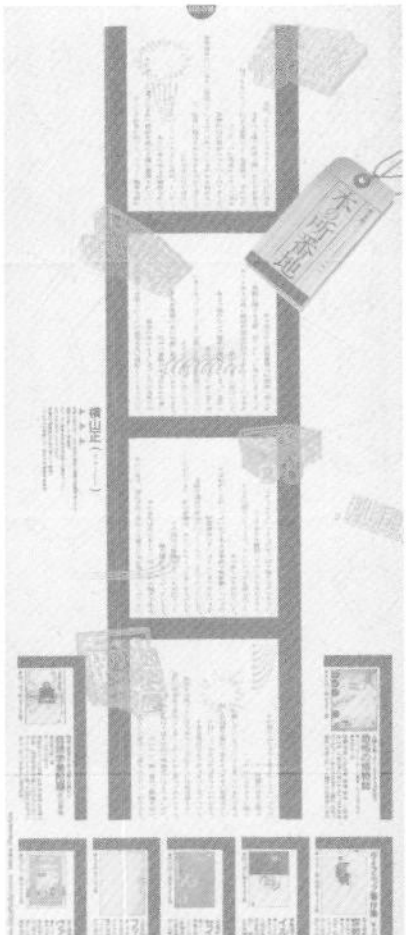

上星己「票本首ーグラフィティ

ご意見・ご感想をありがとう。

工作舎の本には、すべて読者カードが添付されています。そして、再び舞い戻る読者カードは、読者の皆さんのメッセージを届けてくれます。ここにほんの一部ですが、紹介させていただきます。

(カオスの自然学)
テオドール・シュベンク

◉数値流体力学を含む計算力学を専攻する者にとって、本書のような〝流れ〟が作り出す造型の美しさと、その背後に存在する数理にかぎりない興味を呼び起される。まさに〝流れ〟の自然学についての体系化を試みたものである。〝流れ〟に対する別の捉え方がたいへん有益であった。

――千葉・野田市　登坂宣好(43)　大学教授

(キルヒャーの世界図鑑)
ジョスリン・ゴドウィン

◉キルヒャーのまとまった本が出たのは嬉しい。澁澤龍彦氏の名があったので、ためらわず買ったが、澁澤氏の記述部分が少なすぎるのがやや不満。図版はカラーがいい。この本は何となく紙の質が悪いような感じ。本は箱入りがいい。装訂は普通。値段は(この紙質にしてはやや高いと思うが)まあ普通。

――東京・杉並区　山根雅昭(25)　大学生

◉現在の合理的観点から見るとキルヒャーの図説は、まことに陳腐でトンチンカンな印象を受ける。奇妙なプレゼンテーションだった。まったく彼はバカなのか、それとも頭がよすぎるのか、しかしヤボな判断はすまい。むしろわれわれの方が思考の角度を変えるべきであろう。われわれはふたたびもうひとつの宇宙論へとみちびかれていくわけだ。急ごうではないか。

――神奈川・秦野市　中村昌弘(32)　自由業

(生命のニューサイエンス)
ルパート・シェルドレイク

◉週刊朝日の紹介記事にしても、帯コピーにしても、賛否極論の書だという宣伝のし方はうまいと思う。「絶賛」であると、先入感をもちすぎてしまうが、本書の場合、「さて、自分はどう感じ、考えるか」という自分への期待が大きくもたされる。その点ではよいが、表題から見て専門家でない人達も多く読みたがる

標本箱 #004

私と本

杉浦日向子(すぎうら・ひなこ)

稲垣史生氏のもとで時代考証を学んだ後、漫画に転出。主に江戸後期を舞台にした作品は、『ニッポニア・ニッポン』『ゑひもせす』『百日紅』などにまとめられている。最近は「路上観察学会」でも活躍。近々初のエッセイ集『江戸へようこそ』が刊行の予定。

* * *

「ダーウィンなどは毫も書物を大事にしなかった。彼は重い本などは持ちやすいように半分に割ってしまい、また本を置く場所を節約するため大事なページだけをとって、あとはみんな捨て去ってしまった。いくつかの病名にその名を残している神経学の泰斗ジャクソンも似たようなことをしている。彼は友人などに必要な個所を切りぬいて送ってしまうので、その蔵書には満足な本はほとんど一冊もなかった。彼は本屋で書物を買うと、その場でたちどころに表紙をひきはがし、ついでバリバリと頁を二分して半分を一方のポケットへ、残りの半分をも

薔薇十字の覚醒

フランセス・イエイツ

山下知夫＝訳

◉A5判・上製
◉三八〇〇円

「魔術とカバラと錬金術」を原動力に、独自のユートピアに基づく新時代の幕開けを告げた秘密結社、薔薇十字団。それは秘められた、もうひとつのヨーロッパ精神史。

発刊が予定より遅れましたことをお詫びします。**7月25日の発売**となりました。

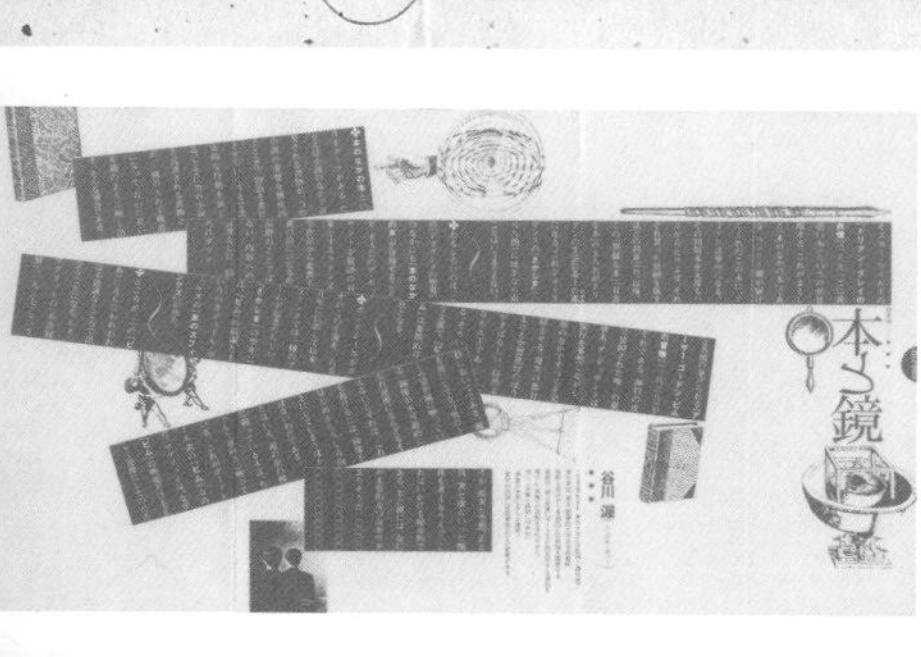

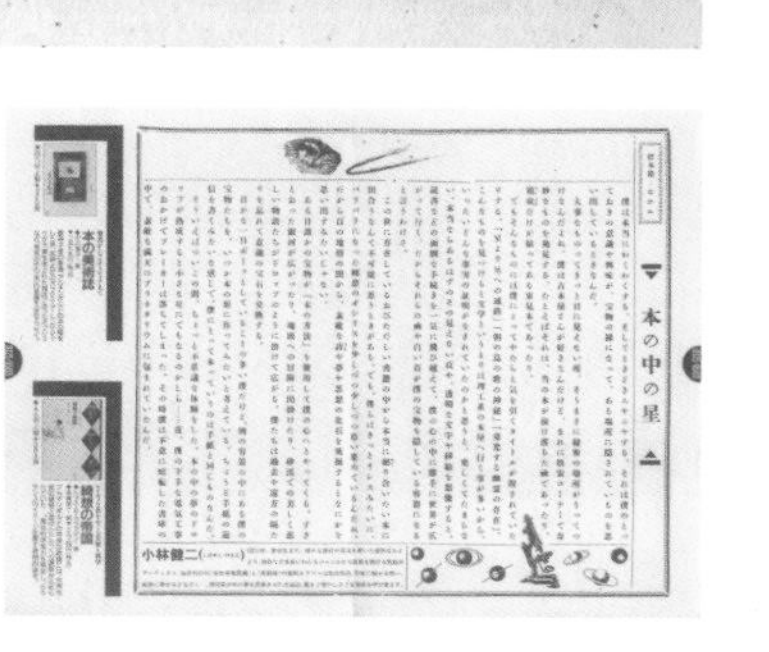

…に感じられないのではないか。著者の示す実験は、新しい超自然現象解明の科学的糸口を示すかもしれない。この本を訳した冒険をたたえます。

——茨城・筑波研究学園都市 堀江秀樹(27) 公務員

〔セックス&ブレイン〕
ジョー・ダーデン・スミス＋ダイアン・シモーヌ

◉本当に優しくなるということはどういうことか……ということが少しはわかりかけました。——東京都・大田区 阿部久泰(30) 会社員

〔グローバル・ブレイン〕
ピーター・ラッセル

◉巻末に示されてある関連書物で翻訳されていない本が著者によって紹介されており、是非とも近い将来、これらが出版されるよう願っております。ライアル・ワトソン、カルロス・カスタネダ、マリリン・ファーガソン、F・カプラ、コリン・ウィルソンと読んでいくうち、連帯性に気づき神秘学、禅、武道、健康と、みるみるうちに本が増えて1ヵ月10冊平均買っているのに驚いております。潮流のうずに巻こまれたような気になってはいますが、若い頃は物理など科学は難解で苦手な方でしたが、今は何故か面白くて理解できたような錯覚に陥っているところです。いまは良い本と出会える時期だと思い、期待と希望でいっぱいです。

——東京・新宿区 畠山八千代(37) 会社員・主婦

〔生命潮流〕
ライアル・ワトソン

◉読破後、心に響いてくるのはアインシュタインの次の言葉である。

「私には永遠に続く生命の神秘を凝視し、僅かに知覚し得る宇宙の驚嘆すべき構造を沈思し、自然に現出する真理の微小な部分だけでも理解しようと及ばぬながらも努力するだけで充分である」

この純粋さ、謙虚さは誠に感動的である。本書を読んで及ばずながらも彼の魂の一端が理解されるような気がする。

——埼玉・春日部市 佐藤昌輔(60) デザイナー

＊使用文字——かな：良寛ゴシックE（漢字はリョービゴシックE。）江戸時代の禅僧良寛の書をゴシック体にあわせて活字化した書体。＊＊使用文字——かな：弘道軒E（漢字はリョービ本明朝E。）明治10年に作られた弘道軒清朝体を明朝体にあわせてリデザインした書体。原字の種字は書家小室樵山の作。◉両者とも味岡伸太郎氏による新かなシリーズ。近々リョービより発売予定。

が、ハード・カバーでは、まだ手がひるむのが未熟者たるゆえんです。

仕方がないのでハード・カバーは、頁を折ります。最重要と思う頁は縦半分に（それが数頁にわたる場合はまとめて）側辺をのど側へ折り込んでおきます。次に大事な箇所は、頁の天辺をピッタリのど側へ三角形に折り込みます。あとは、その三角形を、事項の大切さ加減によって小さくしていき、一寸ひっかかったという位なら、頁の上隅が五ミリ程度三角に折れているといった具合です。

この折り印は秀逸であると自負しています。まず付箋や筆記具がいらないし、本の有用度が一目でわかります。私は机上で書見をした試しがなく、随意の場所で寝転んで読みますから文房具などにかまっていられないのです。折り印の一つもない本はそのまま古本へ、一つ二つなら筆写してこれも古本へ処分します。

パリパリスイスイの軽装判も、折り印でふくれて箱《ケース》に入らなくなったハード・カバーも、無疵で売られる本よりは仕合せと思います。

土星記「票本宿ーグラフィティ

SATURN chronicles editorial corporation for human becoming kousakusha workshop
0075-8806
020
一回の旅に一冊の本
管 洋志
ワトソン博士が選んだ本
Dr. Watson's Booklist
空想の翼・科学の眼
数学的思考
夜の魂
バイオシェルター
0075-8806

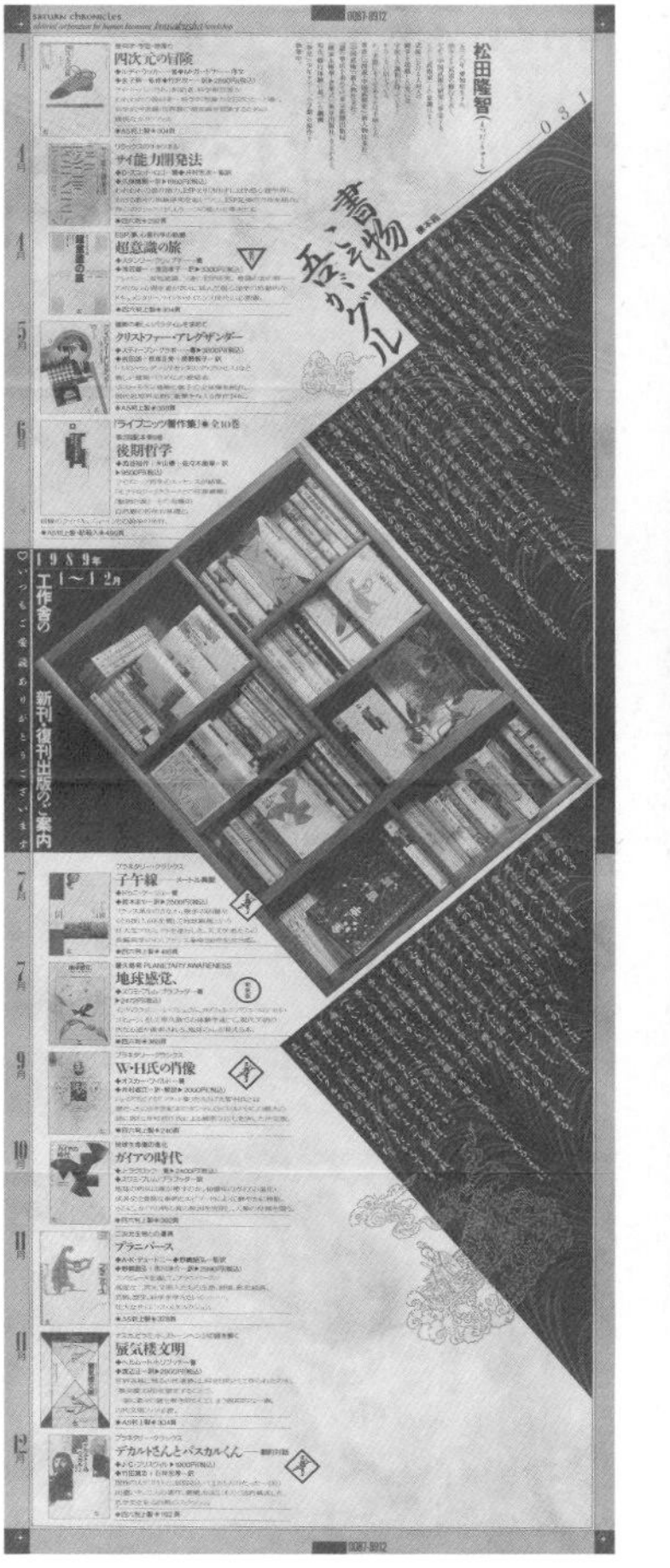

SATURN chronicles editorial corporation for human becoming kousakusha workshop
0087-8912
031
松田隆智
書物こそがグル
1989年 1〜12月
工作舎の新刊・復刊出版のご案内
いつもご愛読ありがとうございます
1月 四次元の冒険
4月 サイ能力開発法
4月 超意識の旅
5月 クリストファー・アレグザンダー
6月 『ライプニッツ著作集』全10巻 後期哲学
7月 子午線
7月 地球感覚、
9月 W・H氏の肖像
10月 ガイアの時代
11月 プラニバース
11月 蜃気楼文明
12月 デカルトさんとパスカルくん
0087-8912

あとがきに代えて　祖父江慎×米澤敬

「土星」の歩き方

米澤 この本のもとになっているのは、工作舎の新刊案内「土星紀」に連載された「標本箱」というエッセイ・シリーズの原稿だけど、当時はその内容とともに、デザインもかなり話題になった。その基礎は祖父江くんがつくった。祖父江くんは、一九八一年に工作舎にやって来て一九八七年に独立したから、工作舎在籍期間は足掛け七年ということになるよね。

祖父江 多摩美学生の時、春休みに工作舎から電話がかかってきて、デザインの仕事が忙しいから手伝ってくれないか？ と言われたのがきっかけでしたね。

米澤 多分、読者カードで連絡先を調べたんだ。

祖父江 デザイン科の学生だということで、お呼びがかかったのかな。でも、それまで自分ではデザインらしいことは何もやったことがない。版下も写植（写真植字）も触ったことがなかったの。制作物の見本を持ってきなさいと言われたので、やむなく三畳くらいの紙に描いたマンガを持って行ったんですよ。

米澤 それでも採用されたわけだ。

祖父江 アシスタントとしてね。最初についたのがアートディレクターの森本常美さん、そのあと、海野幸宏さんと、宮川隆さんのアシスタントも経験しましたね。

米澤 当時の工作舎のデザイン陣は、森本さんがアートディレクターで、海野さん、木村久美子さん、日高達雄さんたちもディレクターとして独り立ちしていた。いずれも二〇代後半で、宮川くんがちょっと若かった。

祖父江 同じ会社なのに、デザイナーによってやり方も考え方も違ってた。森本さんはロットリング使用禁止で、烏口を砥石で研いで使う。インクは、新しいものは使わずに「育てて」から使う。濃くなってとろみが出てきたインクと新品のインクをブレンドして、ちょうどいい状態にする。方眼紙も使用禁止。真っ白な紙にコンパスで直角を出してから罫線を引いていく。海野さんも烏口だけど、T定規を使うのはオッケーだった。宮川さんはトレーシングペーパーを使う前に、線にムラができないようにカッターの歯で紙面を平らにしていた。後で知ったんだけど、外のデザイナーには、木のものさしとボールペンを使って版下をつくっている人もいた。

米澤 写植を版下に貼る糊の使い方も人それぞれだったよね。

祖父江 普通はペーパーセメントを使うんだけど、両方の面に塗るダブルコート派と片面だけのシングルコート派がいましたね。あるとき森本さんがペーパーセメントに疑問を感じて、松ヤニをアルコールランプで溶かして使おうとしたことがあったの。でも乾くのが早すぎてうまくいかない。何より匂いがすごかったのですぐに断念です。写植の文字修正もこだわりがあって、まず写植の裏紙を剥がして薄くするんだけど、直す部分を剥がす厚さと貼り直す写植の厚さを揃えるように裏を剥がすとか。しかもぴったり同じサイズにして、どこを直したかわからないようにするとかとか。

米澤　あんまり専門的なディテールに入っても、ほとんどの人にはわけがわからないから、そのあたりの話はもういいよ。別の機会にしよう。

祖父江　それだけで一冊の本ができちゃうよね。ともかく僕はそういう面倒な作業や、上司の無理難題に答えるのが得意だったし、対応もめちゃ早かったの。えへんでしょ。

米澤　文字へのこだわりは、どのあたりからなの。

祖父江　実は、アシスタントになって最初の仕事が写植担当。まずそれぞれのデザイナーが、編集から渡された原稿に書体や級数の指定を入れて写植屋さんに発注する。写植が届くと、コピーをとって編集者が校正するわけだけど、編集の人から赤字をどっと渡されるのが、たいてい深夜。修正用の文字は、僕がその夜のうちにファックスで写植屋さんに発注しなくちゃいけないんだけど、元の指定紙は、管理が悪くて手元にないことが多かったし、指定したデザイナー本人はほぼ帰宅している。発注するにも書体も級数もわからない。写植は一文字いくらで計算されるから、余分に打つと高いので基本はバラ打ち。DTPのように修正を上書きできるわけじゃない。だから、必要な文字の書体と級数、ウエイトを必死になって調べてたんですよ。そうして少しずつ覚えていった。ルーペで覗きながらメモをとってひとりで書体を学んでたの。「本蘭明朝Lは交差するとこが食い込んでる」、「この三角形（うろこ）は左右対称からちょっと傾いてる」とかね。そんなことしてたら、あるとき宮川さんに怒られた。「ルーペじゃなくて、肉眼で見ろ。文字が組まれた全体の印象で書体名がわからないようじゃ駄目だ」って言われちゃって。当時はそうなのかと思ったけど、今から思うとディテール見ないとわからないよね。

米澤 そうだったんだ。工作舎に来る前から文字に興味があったと思ってた。

祖父江 工作舎に入ったばかりの頃、森本さんが雑誌『遊』のジャパネスク特別号の見出し書体を決めるとき、複数の書体を見せられて、みんなの前で「祖父江くんはどれがいいと思う」と聞かれたんだけど、こっちはどれが何やらさっぱりわからないので、適当に「教科書体がいいと思います」って答えたら、森本さんは「なるほど、これね」と言って指をさしたので、「あっ。これが教科書体というものだったのか」とそこで知る。それほど書体の知識はなかった。

米澤 教科書体くらいは、当時の僕でもわかった。

祖父江 写植発注の仕事では、睡眠不足だからいろいろミスだらけ。字送りベタのところを行送りベタと指定したり、「本日中にアップお願いします」が「日本中にアップお願いします」になっていたり。

米澤 そういう話も、別の機会にしよう。

祖父江 玄関で靴紐を結んだポーズのままで熟睡してたスタッフの話とか……。

米澤 僕も工作舎の一階で寝て、目が覚めたら二階にいたことがある……ちょっと待て。そういう話もやめようよ。キリがない。どうして昔の工作舎メンバーはそういう話をしたがるかな。嫌われるぞ。

祖父江 ま、そんなこんなで、一九八三年を前後して工作舎が経営危機に陥った。『遊』が休刊して、編集長の松岡正剛さんが独立した。

米澤 主だったデザイナーも皆、工作舎を離れていって、結局、残ったデザイン・スタッフの中では僕がいちばんキャリアが長くなってたの。二年だけどね。単行本のデザインも何冊か経験していて、一度、先日亡くなられた戸田ツトムさんにデザインを見てもらったことがある。

米澤　戸田さんは工作舎の初代アートディレクターだった。

祖父江　そのとき「祖父江くんのデザインは、僕にはわからない」って言われた。数年前に戸田さんにあったとき、その話をしたら、「そんなこと言ったっけ。うん、いまもわからない」だって。

米澤　それは最高の褒め言葉だよ。デザインも編集も、理解する対象じゃないし。で、『遊』休刊とともに暫定アートディレクターになった祖父江くんが現在の工作舎のロゴというかシンボルマークをつくったんだよね。

祖父江　もともと、僕はまりの・るうにいさんが描いたメビウスの輪の土星が好きだったんだ。

米澤　それを二代目編集長の十川治江が、まだデザインをやっていたとき、『大泥棒紳士館』のカバーでロゴ風に使った。それまではシンボルに自転車を使ったりもしていた。

祖父江　自転車操業そのままだ。

米澤　その後、いつの間にか土星が工作舎マークとし

『大泥棒紳士館』のカバー

て使われるようになっていった。

祖父江 あるとき日高さんと宮川さんが、るうにいさんのパステル画を二階調の土星にアレンジしたんですよね。

米澤 最初にその土星を三角に入れたのは羽良多平吉さんデザインの『治安維持』。ソフトカバーの小説シリーズ（yu backs）のロゴみたいな位置づけだったと思う。

祖父江 でも同じ時期の『遊』では、三角はなくて、毎号角度を変えて回転するように使ってて好きでした。

米澤 かなり自由に使っていたよね。

祖父江 『遊』が休刊した後、当時経理部長だった高橋克己さんが、工作舎が経営的に安定しないのは土星マークのせいだと言い出して、高橋さんは占星術の研究家でもあったから、スタッフ全員

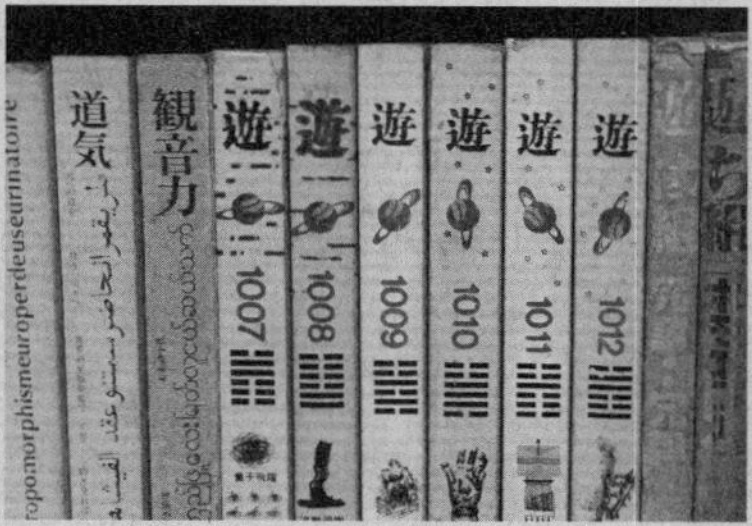

『遊』の回転するロゴ

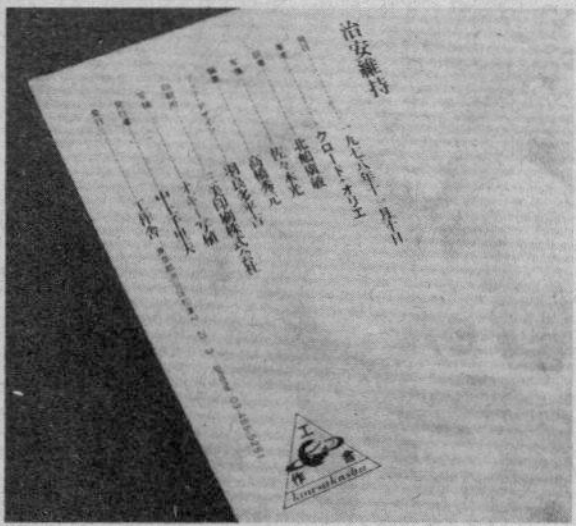

羽良多平吉デザインのロゴ

のホロスコープをつくっていてね。僕もいろいろ占ってもらってたんだけど、その高橋さんが言うには、「土星というのは本来は安定しているが、現状のままではそれが揺れていて不安定だ。マークを安定させることによって工作舎も安泰になる」とのことで、土星マークをつくり変えることになって、結局、僕が担当することになったんだよね。

米澤　確か、高橋さんの指示は、土星がふわふわしないように、三角形のような安定したものに納めないといけないというものだった。

祖父江　そうそう。でも、それだけだと停滞するので、回転の要素も入れて欲しいと言われたの。高橋さんのイメージでは、メビウス土星がすっぽり三角形に収まり、回転をあらわすために三角形の頂点から短い曲線が伸びているというものだった（上図参照）。でも、土星が極端に小さくなるので輪は三角からはみ出した方がいいし、座布団の角綴じみたいなのは気持ち悪いと断固反対したよ。いろいろやり合った結果、何とか現在の土星マークに落ち着いた。

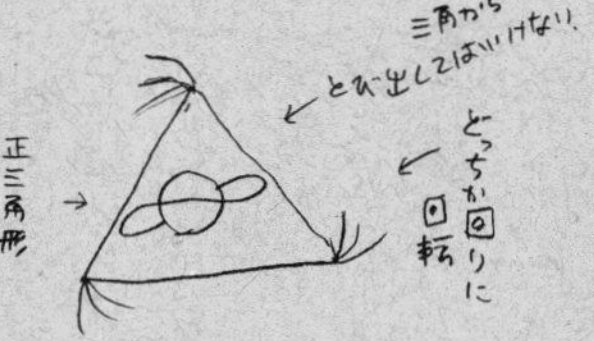

米澤　「工作舎」の書体はどうして決めたの。

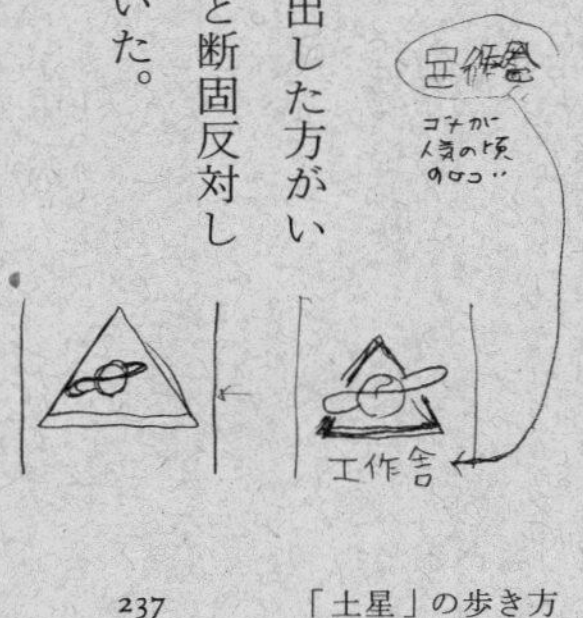

祖父江 当時ゴナ系書体が流行っていたから。僕が工作舎に入った頃、ゴナEが出て、その後ゴナUが発表された。ゴナUはデザイナーの中では爆発的にヒットした書体で、「ここまで漢字が太くできるのか」って盛り上がっていた。かなり手を入れて工作舎のロゴにしたので、厳密にはゴナではないんだけどね。文字を小さくすると「舎」の文字が潰れてしまうので、ちょっと反省している。ただし僕は「三角形なしのふわふわしている方がいいよな」とずっと思っていた。

米澤 一方、その後「土星紀」の方はけっこう試行錯誤を繰り返して、「標本箱」エッセイ連載が始まったのは一九八六年の四月。同時に毎号、使用用紙も変わるようになった。

祖父江 紙問屋の平和紙業さんと交渉して、提供していただきました。

米澤 祖父江くんのマンガの掲載もスタートしている。

祖父江 「標本箱」は、当初、エッセイの内容にふさわしい文字を既存の写植からいろいろ選んで使っていた。

米澤 でも九月には、使用書体の説明が入ってるよ。

祖父江 説明を入れ始めたら、もう後へ引けないという感じになってしまった。みんなの知らない書体にしようと、余計頑張ったの。

ゴナE

ゴナU

米澤　神保町あたりで古書を買ってきて、昔の活版活字を複写していたよね。

祖父江　まず通常通りにテキストを写植で打って、古本から集めた仮名文字を拡大・縮小して貼り替えていった。最初はタイトルだけだったけど、田中優子さんのエッセイあたりから本文の仮名を全部貼り替えるようになった。ちなみに田中優子さんのエッセイの仮名は、明治三九年の出版物から採集した築地系の金属活字を、見

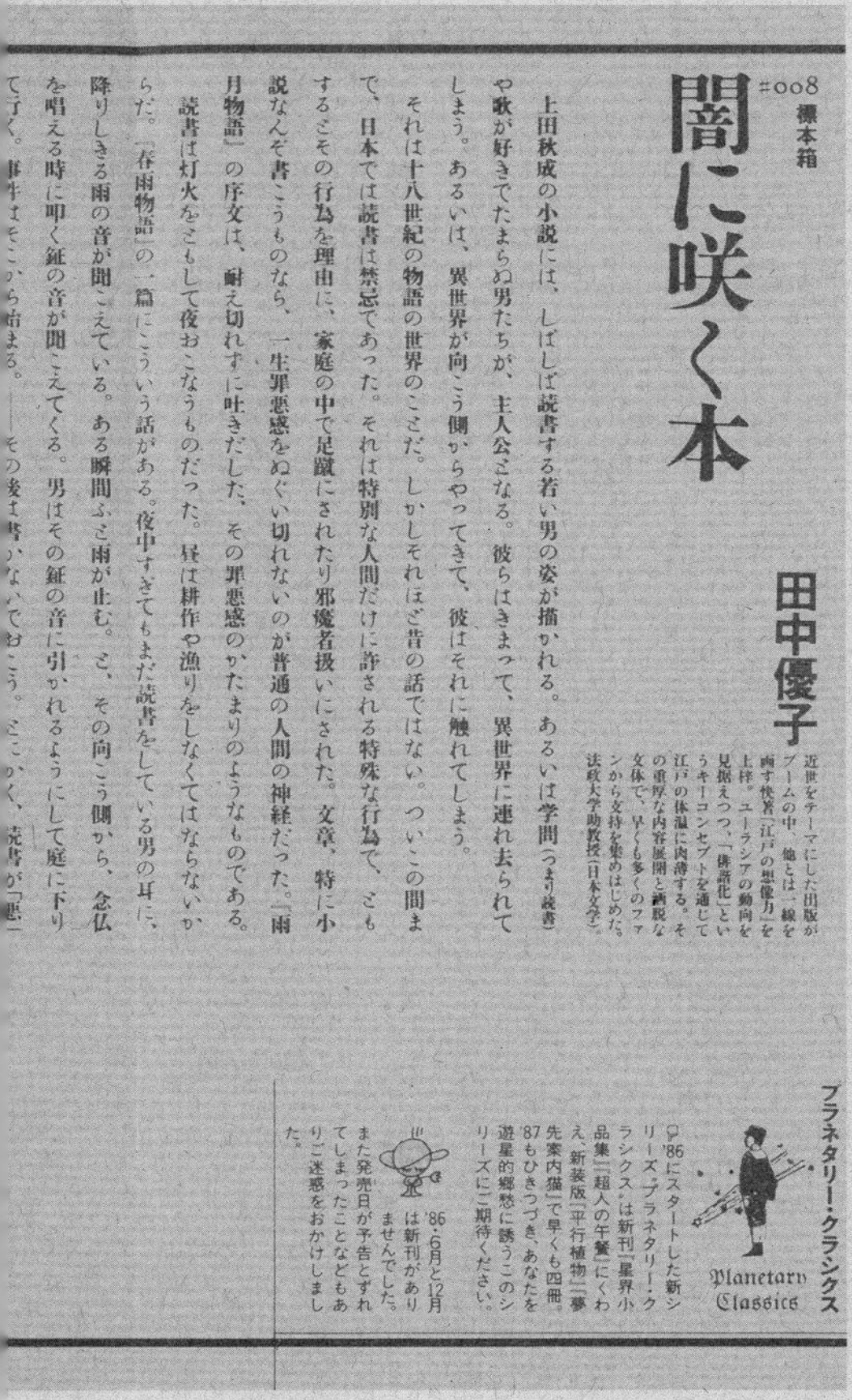

#008 標本箱

闇に咲く本

田中優子

近世をテーマにした出版がブームの中、他とは一線を画す快著『江戸の想像力』を上梓。ユーラシアの動向を見据えつつ、「俳諧化」というキーコンセプトを通じて江戸の体温に肉薄する。その重厚な内容展開と洒脱な文体で、早くも多くのファンから支持を集めはじめた。法政大学助教授(日本文学)。

上田秋成の小説には、しばしば読書する若い男の姿が描かれる。あるいは学問(つまり読書)や歌が好きでたまらぬ男たちが、主人公となる。彼らはきまって、異世界に連れ去られてしまう。あるいは、異世界が向こう側からやってきて、彼はそれに触れてしまう。

それは十八世紀の物語の世界のことだ。しかしそれほど昔の話ではない。ついこの間まで、日本では読書は禁忌であった。それは特別な人間だけに許される特殊な行為で、ともするとその行為を理由に、家庭の中で足蹴にされたり邪魔者扱いにされた。文章、特に小説なんぞ書こうものなら、一生罪悪感をぬぐい切れないのが普通の人間の神経だった。『雨月物語』の序文は、耐え切れずに吐きだした、その罪悪感のかたまりのようなものである。

読書は灯火をともして夜おこなうものだった。昼は耕作や漁りをしなくてはならないからだ。『春雨物語』の一篇にこういう話がある。夜中すぎてもまだ読書をしている男の耳に、降りしきる雨の音が聞こえている。ある瞬間ふと雨が止む。と、その向こう側から、念仏を唱える時に叩く鉦の音が聞こえてくる。男はその鉦の音に引かれるようにして庭に下りて行く。事件はそこから始まる。——その後は書かないでおこう。とにかく、読書が「悪ー

プラネタリー・クラシクス

Planetary Classics

☞'86にスタートした新シリーズ・プラネタリー・クラシクスは新刊『星界小品集』『超人の午餐』にくわえ、新装版『平行植物』『夢先案内猫』で早くも四冊。'87もひきつづき、あなたを遊星的郷愁に誘うこのシリーズにご期待ください。

'86・6月と12月は新刊がありませんでした。また発売日が予告とずれてしまったことなどもありご迷惑をおかけしました。

出しでは拡大して使用、本文ではほぼ原寸で使用です！

米澤 そのためだけに徹夜もしてた。

祖父江 力入れすぎて、米澤さんにはよく怒られましたよ。

米澤 そりゃそうだよ。「土星紀」は販促ツールではあっても、本の売上を直接左右するものじゃない。「土星紀」ファンも少なくなかったようだけど、欲しい人は書店の店頭で「土星紀」だけ抜き取っていたし。ともかくエッセイの「標本箱」だか活字の「標本箱」だかわからなくなっちゃった。

祖父江 僕は二年ほど「標本箱」を担当して工作舎を離れ、書体収集も後継者に託しちゃったから、大変だったね、きっと。

米澤 意外に短期間だったね。もう三十年以上も前の話だ。

祖父江 土星マークも「土星紀」も時代を反映してるよね。当時はなぜか記号類が流行っていたから、「土星紀」ではタイトルなどにもパーレンや約物を多用してる。

米澤 土星マークも、時代に応じてもっと変化していいのかもしれない。

祖父江 そうだよ。変化すべきじゃないかな。基本は土星だけでいい。三角はフリーメイソンみたいだし、権威や権力に憧れる人が使いたがる。いますぐにでもやめた方がいいよ。

米澤 ホームページに使ってる丸に土星のマークは、いまのアートディレクターの宮城安総が作ったものだ。うちくらいの規模で厳密にCIとかロゴのレギュレーションとか言ってもね。本だって工作舎ってどこかに入っていればいい。

祖父江 もっといろいろやっていいんですよ。ロゴとかCIって、見栄えもあるけど、もともとは効率よく作業するためのものでもあったんだから、変化し続けるというブランディングもありだと思う。

米澤 祖父江くんの事務所の「コズフィッシュ」もそのあたり曖昧だね。

祖父江 そうそう。決まりごとになりすぎないようにしてます。そういえばいまも電話を受けるとき「コズフィッシュです」と言おうとして、つい「コウサクシャ」って言いそうになる。最初の「コ」が同じだけなのにね。

米澤 それは……いろんな意味でちょっと、どうかな。社名変えたらどう。

祖父江 そっちの方こそ。

二〇二〇年一〇月

本書に原稿を再録するにあたって、
連絡を取ることができなかった執筆者、
および著作権継承者の方がいらっしゃいます。
その他の事柄も含め、お気づきのこと等がございましたら、
お手数ですが、工作舎編集部まで情報をお寄せください。

Cover illustration :
Cats being instructed In the art of mouse-catching by an owl.
Lombard School c1700

最後に残るのは本

発行日——二〇二一年六月二〇日
編——工作舎
編集——堤靖彦＋葛生知栄＋米澤敬
エディトリアル・デザイン——佐藤ちひろ
印刷・製本——シナノ印刷株式会社
発行者——岡田澄江
発行——株式会社工作舎

〒169-0072 東京都新宿区大久保2-4-12　新宿ラムダックスビル12F
Phone : 03-5155-8940　Fax : 03-5155-8941
www.kousakusha.co.jp　saturn@kousakusha.co.jp

ISBN978-4-87502-529-0

遊読365冊

松岡正剛
荒俣 宏 協力

伝説のブックガイド復活!「読書は男のケンカだ」の33冊から「読書で一番遠いところへ行く」ための31冊まで、百字一冊でブックコスモスを駆け巡る。
●B6判変型仮フランス装●224頁
●定価 本体1800円+税

古書の森 逍遥

黒岩比佐子

ノンフィクション作家が古書展通いで出会った魅力的な雑書たち。村井弦斎、国木田独歩など作家が追うテーマを軌跡すると、近代日本の出版文化が浮き彫りに。
●A5判●396頁
●定価 本体3200円+税

本の美術誌

中川素子

中世キリスト教絵画から現代美術、マルチメディアまで、美術の視点から「本とは何か?」をたどる書物論。古今東西の美術家の本にまつわる30作品余を収録。
●四六判上製●220頁
●定価 本体2500円+税

本読みまぼろし堂目録

荒俣 宏

まぼろし堂店主アラマタが20年余にわたって書き綴った本読みの極意と書物の魔術。ビジネス書から博物誌まで、古今東西の名著から奇書までの大ブックガイド。
●四六判上製●520頁
●定価 本体2500円+税

ルネサンス・バロックのブックガイド

ヒロ・ヒライ 監修

占星術や錬金術、魔術が興隆し、科学革命・印刷革命が到来したルネサンス・バロック時代。代表的な原典の邦訳書から最新の研究成果まで総数150冊余を紹介。
●A5判●280頁
●定価 本体2800円+税

文字と書の消息

古賀弘幸

古来の漢字を敬いながらも、簡略化や新作文字を試みる。路地裏の落書き、工事現場の書体、文字アート、書のアウラ…文字と書が織りなす数々の文化誌をひも解く。
●A5判変型上製●308頁
●定価 本体3200円+税